Marta Bregolato

AF893659

Il collocamento mirato.
Inserimento lavorativo dei disabili

pe
Primiceri Editore

2018 Tutti i diritti riservati.
Finito di stampare nel mese di dicembre 2018
presso Rotomail Italia Spa – Vignate (MI)
per conto di Primiceri Editore Srls
Via Savonarola 217, 35137 Padova
Prima Edizione
ISBN 978-88-3300-096-1
www.primicerieditore.it

CAPITOLO I

IL DISABILE E IL DIRITTO DI INTEGRAZIONE NEL MONDO DEL LAVORO

SOMMARIO — 1. Premessa - 2. Definizione di disabile - 3. Evoluzione storica della normativa a tutela dell'inserimento lavorativo

1. Premessa

Come Consulente del Lavoro tocco con mano le difficoltà che le persone diversamente abili, preferisco questa definizione a quella più tecnica delle normative che spesso risulta essere troppo fredda, incontrano tutti i giorni nelle loro diverse attività.
Colgo anche la riluttanza a volte delle persone che incontrano lungo la loro strada a guardare i disabili con occhi che vanno oltre alle menomazioni fisiche o psichiche, non ricercando, evidenziando e rafforzando le potenzialità, grandi, che queste persone hanno e le risorse che essi stessi rappresentano per la comunità.
Ecco quindi che nell'ambito della mia professione ho dedicato parte dei miei approfondimenti proprio a questo "mondo" allo scopo di formare ed informare su materie spesso di difficile approccio anche perché smuovono le coscienze ed invitano ad un coraggioso approccio sociale.
Riconoscere il diritto al lavoro per le persone affette da disabilità è assolutamente importante e va incentivato in ogni forma e ad ogni livello.
Poter lavorare significa, per tutti e a maggior ragione per soggetti che a volte per ignoranza collettiva vengono emarginati, poter dar sfogo alla propria creatività, migliora l'autostima, consente la realizzazione dei propri desideri oltre che perseguire l'obiettivo del soddisfacimento dei propri bisogni che si traduce anche in una autonomia economica e patrimoniale.
L'inserimento nel mondo del lavoro consente la creazione di rapporti sociali, di scambio e di confronto, superando così le discriminazioni e l'isolamento.

Per favorire l'inserimento nel mondo del lavoro delle persone affette da disabilità è necessario anche creare un tessuto imprenditoriale formato ed informato, consapevole delle oggettive e soggettive difficoltà che questi soggetti possono incontrare, creando luoghi di lavoro consoni e confortevoli, favorendo l'inserimento ed in grado di valorizzare i punti di forza e le capacità, anche creative, dei lavoratori disabili.
In questo mio percorso di approfondimento all'argomento, ho trovato particolarmente interessante l'analisi delle normative che, incrociate tra di loro, cercano di favorire prima di tutto l'integrazione sociale dei lavoratori disabili, evitando così la loro "ghettizzazione".
Da Consulente del Lavoro e formatrice mi sento chiamata in causa, sento particolarmente toccanti ed attuali le parole del Santo Padre, Papa Francesco, pronunciate in occasione dell'Udienza Giubilare in Piazza San Pietro a Roma, nel giugno del 2016, ovvero: *"Voi, consulenti del lavoro, non avete un compito assistenziale, ma promozionale, affinché in ambito nazionale ed europeo le istituzioni e gli attori economici perseguano in modo concertato l'obiettivo della piena e dignitosa occupazione. Perché il lavoro dà dignità"*.
L'esigenza di capire come sia possibile operare una integrazione del soggetto disabile nasce soprattutto dalle famiglie che al loro interno vivono quotidianamente questa situazione.
Le famiglie affrontano il problema dell'inserimento del familiare disabile già all'atto della scelta dei percorsi formativi, delle scuole, che hanno sicuramente un ruolo determinante nell'indicare una strada, un percorso e nell'attuare quelle azioni di inserimento in "alternanza scuola lavoro" che possono rappresentare il primo approccio al mondo del lavoro ed in senso più ampio al mondo esterno.
Dall'altra parte, parlando di un contesto lavorativo, anche le aziende devono fare la loro parte, contribuendo ad offrire nuove opportunità, tese a valorizzare le risorse e le potenzialità, volte anche a superare i pregiudizi della gente comune e quindi anche dei potenziali colleghi ai quali viene chiesto necessariamente la disponibilità ad accogliere, in alcuni casi anche ad "accompagnare" non necessariamente in senso fisico, i colleghi diversamente abili.
A fianco di queste istituzioni sicuramente un ruolo determinante lo hanno le varie associazioni che forniscono assistenza alle famiglie

affiancandoli in percorsi di formazione e di orientamento con lo scopo di raggiungere la piena integrazione.
Alla luce di tutto questo, il presente percorso dovrà essere letto con questo obiettivo:

integrazione della persona disabile:

- non è inserimento esclusivo;
- consente il miglioramento dell'autostima;
- rende la persona disabile autonoma, anche economicamente, accettata, in grado di esprimere le proprie potenzialità e dar sfogo alla propria creatività;
- supporta la famiglia del disabile in un percorso di autonomia e di integrazione anche sociale.

L'obiettivo di questo elaborato è quello di fornire ai professionisti, ai datori di lavoro, alle associazioni che operano nel campo dell'assistenza dei disabili, ai familiari ed ai disabili stessi, un quadro quanto più completo ed aggiornato possibile delle potenziali azioni che possono essere messe in campo al fine di perseguire l'inserimento nel mondo del lavoro ed imprenditoriale del soggetto affetto da disabilità.

2. Definizione di disabile

Nell'epoca recente si è visto una particolare attenzione e riguardo verso l'argomento della disabilità.
Anche il modo di approcciarsi all'argomento, il modo di definire alcune situazioni è evoluto e rivestito da una maggiore attenzione, da un maggior rispetto.
Il sostantivo handicap o handicappato è stato sostituito da disabilità, disabile o dall'espressione "diversamente abile", proprio a voler sottolineare che ciascuno di noi nella propria diversità è portatore di risorse e di abilità diverse attraverso le quali si possono comunque raggiungere gli stessi obiettivi.

Il "disabile" o "diversamente abile" non è un soggetto privo di abilità, ma semplicemente una persona **con abilità diverse** da quelle riscontrabili in persone con condizioni lavorative normali, inteste riconducibili in standard.
Il fine dell'utilizzo della parola disabilità, non è quella di mettere in evidenza una certa inabilità dell'individuo, quanto all'opposto di sottolineare una diversa abilità rispetto alle persone per così dire normodotate.
Importante è l'approccio dato dalla **Convenzione O.N.U.** sui diritti delle persone disabili, laddove non si parla più di persona handicappata ma di persona disabile e in particolare, secondo l'articolo 1 della Convenzione vengono definite persone con disabilità "*... coloro che presentano durature menomazioni fisiche, mentali, intellettuali o sensoriali che in interazione con barriere di diversa natura possono ostacolare la loro piena ed effettiva partecipazione nella società su base di uguaglianza con gli altri*".
L'evoluzione culturale che ha permesso il passaggio a una nuova definizione e concezione della persona disabile, ha spinto i governi nazionali e le organizzazioni internazionali verso un nuovo orientamento a tutela della disabilità.
Questo nuovo modo di approcciarsi non significa voler nascondere il fatto che in alcune circostanze queste persone possano incontrare delle difficoltà, possano raggiungere prestazioni scolastiche o sociali diverse, possano avere una minor autonomia e proprio al fine di tutelare queste "fragilità" è importante che vi sia un contesto culturale, politico, normativo tale da poterle affrontare e superare.
Da un punto di vista normativo, la definizione di disabile è ampiamente contenuta nella **Legge n. 104 del 05.02.1992** nota anche come *"Legge – quadro per l'assistenza, l'integrazione sociale e i diritti delle persone handicappate"* – pubblicata in Gazzetta Ufficiale n. 39 del 17.02.1992 – Supplemento Ordinario.
Tale Legge diventa il pilastro della tutela dei diritti delle persone portatrici a vario livello di handicap, con l'obiettivo di favorire la loro integrazione nel mondo sociale e quindi anche lavorativo, favorendone l'autonomia, l'autostima e l'indipendenza economica e personale.
Si pone anche l'obiettivo di garantirne la dignità al pari delle persone più fortunate.

Come abbiamo detto, la Legge n. 104/1992, definisce al suo articolo 3 "Soggetti aventi diritto" la persona affetta da disabilità, prevedendo che:

Articolo 3 – Soggetti aventi diritto

1. È persona handicappata colui che presta una minorazione fisica, psichica o sensoriale, stabilizzata o progressiva, che è causa di difficoltà di apprendimento, di un processo di svantaggio sociale o di emarginazione.
2. La persona handicappata ha diritto alle prestazioni stabilite in suo favore in relazione alla natura e alla consistenza della minorazione, alla capacità complessiva residua e alla efficacia delle terapie riabilitative.
3. Qualora la minorazione, singola o plurima, abbia ridotto l'autonomia personale, correlata all'età, in modo da rendere necessario un intervento assistenziale, permanente, continuativo e globale nella sfera individuale o in quella di relazione, la situazione assume connotazione di gravità. Le situazioni riconosciute di gravità determinano priorità nei programmi e negli interventi dei servizi pubblici.
4. La presente legge si applica anche agli stranieri e agli apolidi, residenti, domiciliati o aventi stabile dimora nel territorio nazionale. Le relative prestazioni sono corrisposte nei limiti ed alle condizioni previste dalla vigente legislazione o da accordi internazionali.

3. Evoluzione storica della normativa a tutela dell'inserimento lavorativo

Dagli anni '60 si sono susseguite molte normative che hanno sempre più disciplinato in maniera attenta il disabile, i propri diritti e doveri ed il loro ruolo, via via sempre più presente, nella società.
Ne analizziamo l'evoluzione storica in ordine cronologico, avendo cura di evidenziarne, ora ed in futuro, le varie interconnessioni e gli opportuni aggiornamenti.

In via generale è necessario sottolineare come l'attenzione verso l'inserimento al lavoro di ciascun soggetto "attivo" sia salvaguardato in primis, dalla Costituzione italiana e poi attenzionato dalle varie normative specifiche di riferimento, con evoluzioni fino ai giorni d'oggi, non solo di carattere domestico (nazionale) ma anche di carattere europeo.

In primis quindi la **Costituzione Italiana**, afferma:

all'articolo 1: *"l'Italia è una Repubblica democratica, fondata sul lavoro".*

Secondo la Legge fondamentale dello Stato il lavoro costituisce, pertanto, il fondamento sociale e un vero e proprio principio distintivo della nostra Repubblica.
Tutti coloro che vi fanno parte hanno il diritto – dovere di esercitare una attività lavorativa per essere parte integrante della vita politica, economica e sociale del Paese, così come del resto meglio espresso nel successivo art. 4.

all'articolo 3: *"Tutti i cittadini hanno pari dignità sociale e sono eguali davanti alla legge, senza distinzione di sesso, di razza, di lingua, di religione, di opinioni politiche, di condizioni personali e sociali.*
È compito della Repubblica rimuovere gli ostacoli di ordine economico e sociale, che, limitando di fatto la liberà e l'eguaglianza dei cittadini, impediscono il pieno sviluppo della persona umana e l'effettiva partecipazione di tutti i lavoratori all'organizzazione politica, economica e sociale del Paese".

Le disabilità o le diverse abilità potrebbero diventare nell'ambito lavorativo e produttivo condizione di emarginazione e discriminazione.
È quindi compito della Repubblica Italiana mettere in atto tutti gli strumenti legislativi al fine di superare queste differenziazioni offrendo a tutti, in funzione delle proprie capacità di partecipazione, la possibilità di far parte di un tessuto produttivo, economico e più ampiamente sociale.

all'articolo 4: *"La Repubblica riconosce a tutti i cittadini il diritto al lavoro e promuove le condizioni che rendano effettivo questo diritto. Ogni cittadino ha il dovere di svolgere, secondo le proprie possibilità e la propria scelta, un'attività o una funzione che concorra al progresso materiale o spirituale della società".*

Proprio perché il lavoro costituisce per ciascuno degli italiani un diritto e un dovere, le normative specifiche che stiamo approfondendo devono porsi l'obiettivo di individuare le modalità attraverso le quali le persone diversamente abili possano esercitare questo diritto ed assolvere a questo obbligo, valorizzando le singole capacità e tenendo conto delle effettive capacità e risorse residue.

Infine, punto di forza ed avvio alle legislazioni successive, **all'articolo 38:** *"Ogni cittadino inabile al lavoro e sprovvisto dei mezzi necessari per vivere ha diritto al mantenimento e all'assistenza sociale.*
I lavoratori hanno diritto che siano preveduti ed assicurati mezzi adeguati alle loro esigenze di vita in caso di infortunio, malattia, invalidità e vecchiaia, disoccupazione involontaria.
Gli inabili e i minorati hanno diritto all'educazione e all'avviamento professionale.
Ai compiti previsti in questo articolo provvedono organi ed istituti predisposti o integrati dallo Stato.
L'assistenza privata è libera".

La Costituzione prevede quindi un intervento importante dello Stato al fine di assicurare un giusto avviamento professionale ai soggetti inabili e minorati, prevedendo, in ossequio alle previsioni della Legge n. 68/1999 l'obbligo per i datori di lavoro di assumere, proporzionalmente ai propri dipendenti, lavoratori affetti da disabilità.
Tutte queste previsioni ben si allineano anche con la normativa europea, per esempio con quanto previsto dalla **Carta Comunitaria dei Diritti Sociali Fondamentali dei lavoratori**, laddove all'articolo 26 disciplina proprio l'inserimento dei disabili, oltre che nel mondo del lavoro, più ampiamente nella società e nella vita comunitaria.
In particolare, l'articolo 26 sopra citato prevede che "ogni persona handicappata, a prescindere dall'origine o dalla natura dell'handicap,

deve poter beneficiare di concrete misure aggiuntive intese a favorire l'inserimento sociale e professionale. Tali misure devono riguardare la formazione professionale, l'ergonomia, l'accessibilità, la mobilità, i mezzi di trasporto e l'alloggio e devono essere in funzione delle capacità degli interessati".

Anche la Carta dei Diritti Fondamentali dell'Unione Europea, proclamata a Nizza il 07.12.2000 pone l'obiettivo dell'uguaglianza di tutte le persone sancendo il divieto alla discriminazione nel suo articolo 21, prevedendo:

> 1. È vietata qualsiasi forma di discriminazione fondata, in particolare, sul sesso, la razza, il colore della pelle o l'origine etnica o sociale, le caratteristiche genetiche, la lingua, la religione o le convinzioni personali, le opinioni politiche o di qualsiasi altra natura, l'appartenenza ad una minoranza nazionale, il patrimonio, la nascita, **la disabilità**, l'età o l'orientamento sessuale.
> 2. Nell'ambito di applicazione dei trattati e fatte salve disposizione specifiche in essi contenute, è vietata qualsiasi forma discriminazione in base alla nazionalità.

Tutto ciò maggiormente rafforzato dal contenuto del successivo articolo 26 dedicato esplicitamente all'inserimento delle persone con disabilità e prevedendo:

> 1. L'Unione **riconosce e rispetta il diritto delle persone con disabilità** di beneficiare di misure intese a garantirne l'autonomia, l'inserimento sociale e professionale e la partecipazione alla vita della comunità.

L'obiettivo è chiaro, ovvero quello di favorire l'integrazione delle persone disabili nel tessuto sociale ed economico.

La Legge n. 56 del 28.02.1987, avente per oggetto "Norme sull'organizzazione del mercato del lavoro" – pubblicata in Gazzetta Ufficiale n. 51 del 03.03.1987 – Supplemento Ordinario, specifica le norme in materia di collocamento ordinario.

In particolare, l'articolo 5, comma 1, lettera d) prevede:

> "*1. Le Commissioni regionali per l'impiego costituiscono l'organo di programmazione, di direzione e di controllo di politica attiva del lavoro. A tal fine esse attuano ogni utile iniziativa, e in particolare:*
>
> > **** Omissis****
> >
> > *d) predispongono programmi di inserimento al lavoro di lavoratori affetti da minorazioni fisiche o mentali o comunque di difficile collocamento, in collaborazione con le imprese disponibili, integrando le iniziative con le attività di orientamento, di formazione, di riadattamento professionale svolge o autorizzate dalla regione..."*

La Legge n. 104/1992 parla anch'essa di inserimento e di integrazione sociale, dedicando all'argomento un intero capitolo, il n. 8 e prevedendo che:

> *1. L'inserimento e l'integrazione sociale della persona handicappata si realizzano mediante:*
>
> > *a) Interventi di carattere socio-psico-pedagogico, di assistenza sociale e sanitaria a domicilio, di aiuto domestico e di tipo economico ai sensi della normativa vigente, a sostegno della persona handicappata e del nucleo familiare in cui è inserita;*
> > *b) Servizi di aiuto personale alla persona handicappata in temporanea o permanente grave limitazione dell'autonomia personale;*
> > *c) Interventi diretti ad assicurare l'accesso agli edifici pubblici e privati e ad eliminare o superare le barriere fisiche e architettoniche che ostacolano i movimenti nei luoghi pubblici o aperti al pubblico;*
> > *d) Provvedimenti che rendano effettivi il diritto all'informazione e il diritto allo studio della persona handicappata, con particolare riferimento alle dotazioni didattiche e tecniche, ai programmi, a linguaggi specializzati, alle prove di valutazione e alla disponibilità di personale appositamente qualificato, docente e non docente;*

e) Adeguamento delle attrezzature e del personale dei servizi educativi, sportivi, di tempo libero e sociali;

f) Misure atte a favorire la piena integrazione nel mondo del lavoro, in forma individuale o associata, e la tutela del posto di lavoro anche attraverso incentivi diversificati;

g) Provvedimenti che assicurino la fruibilità dei mezzi di trasporto pubblico e privato e la organizzazione di trasporti specifici;

h) Affidamenti e inserimenti presso persone e nuclei familiari;

i) Organizzazione e sostegno di comunità alloggio, case-famiglia e analoghi servizi residenziali inseriti nei centri abilitati per favorire la deistituzionalizzazione e per assicurare alla persona handicappata, priva anche temporaneamente di una idonea sistemazione familiare, naturale o affidataria, un ambiente di vita adeguato;

l) Istituzione o adattamento di centri socioriabilitativi ed educativi diurni, a valenza educativa, che perseguano lo scopo di rendere possibile una vita di relazione a persone temporaneamente o permanentemente handicappate, che abbiano assolto l'obbligo scolastico, e le cui verificate potenzialità residue non consentano idonee forme di integrazione lavorativa. Gli standard dei centri socio-riabilitativi sono definiti dal Ministero della sanità, di concerto con il Ministro per gli affari sociali, sentita la Conferenza permanente per i rapporti tra lo Stato, le Regioni e le province autonome di Trento e di Bolzano di cui all'articolo 12 della Legge 23 agosto 1988, n. 400;

m) organizzazione di attività extrascolastiche per integrare ed estendere l'attività educativa in continuità ed in coerenza con l'azione della scuola.

Ancora, sempre la stessa **Legge n. 104/1992 all'articolo 18** dedicato per l'appunto all'integrazione lavorativa e che prevede l'intervento delle regioni al fine di disciplinare ***"l'istituzione e la tenuta dell'albo regionale degli enti istituzionali, cooperative sociali, di lavoro, di servizi e dei centri di lavoro guidato, associazioni ed organizzazioni***

di volontariato che svolgono attività idonee a favorire l'inserimento e l'integrazione lavorativa di persone handicappate".

Altro documento di estrema importanza è la Convenzione Onu per i diritti delle persone con disabilità, (CRPD – Convention on the Rights of Persons with Disabilities) approvata dall'Assemblea delle Nazioni Unite nel dicembre del 2006.
Composta da 50 articoli, la Convenzione indica la strada che gli Stati aderenti devono percorrere per garantire i diritti di uguaglianza e di inclusione di tutti i cittadini affetti da disabilità.
In particolare, l'articolo 27 della Convenzione, dedicato al "Lavoro e occupazione" prevede:

> *1. Gli Stati Parti riconoscono il diritto delle persone con disabilità al lavoro, sulla base di parità con gli altri; ciò include il diritto all'opportunità di mantenersi attraverso il lavoro che esse scelgono o accettano liberamente in un mercato del lavoro e in un ambiente lavorativo aperto, che favorisca l'inclusione e l'accessibilità alle persone con disabilità. Gli Stati Parti devono garantire e favorire l'esercizio del diritto al lavoro, incluso per coloro che hanno acquisito una disabilità durante il proprio lavoro, prendendo appropriate iniziative – anche attraverso misure legislative – in particolare al fine di:*
>
> > *a) proibire la discriminazione fondata sulla disabilità con riguardo a tutte le questioni concernenti ogni forma di occupazione, incluse le condizioni di reclutamento, assunzione e impiego, il mantenimento dell'impiego, l'avanzamento di carriera e le condizioni di sicurezza e di igiene sul lavoro;*
> > *b) proteggere i diritti delle persone con disabilità, su base di eguaglianza con gli altri, a condizioni lavorative giuste e favorevoli, comprese l'eguaglianza delle opportunità e la parità di remunerazione per un lavoro di pari valore, condizioni di lavoro sicure e salubri, comprendendo la protezione da molestie e la composizione delle controversie;*

c) assicurare che le persone con disabilità siano in grado di esercitare i propri diritti del lavoro e sindacali su base di eguaglianza con altri;
d) permettere alle persone con disabilità di avere effettivo accesso ai programmi di orientamento tecnico e professionale, ai servizi per l'impiego e alla formazione professionale e continua offerta a tutti;
e) promuovere le opportunità di impiego e l'avanzamento della carriera per le persone con disabilità nel mercato del lavoro, come pure l'assistenza nel trovare, ottenere e mantenere e reintegrarsi nel lavoro;
f) promuovere la possibilità di esercitare un'attività indipendente, l'imprenditorialità, l'organizzazione di cooperative e l'avvio di un'attività in proprio;
g) assumere persone con disabilità nel settore pubblico;
h) favorire l'impiego di persone con disabilità nel settore privato attraverso politiche e misure appropriate che possono includere programmi di azione positiva, incentivi e altre misure;
i) assicurare che accomodamenti ragionevoli siano forniti alle persone con disabilità nei luoghi di lavoro;
j) promuovere l'acquisizione, da parte delle persone con disabilità, di esperienze lavorative nel mercato aperto del lavoro;
k) promuovere programmi di orientamento e riabilitazione professionale, di mantenimento del posto di lavoro e di reinserimento al lavoro per le persone con disabilità.

2. *Gli Stati Parti assicureranno che le persone con disabilità non siano tenute in schiavitù o in stato serve e siano protette, su base di parità con gli altri, dal lavoro forzato o coatto.".*

La Convenzione è stata ratificata dal Parlamento italiano il 24.02.2009 ed è diventata legge dello Stato, pertanto perfettamente operativa e obbligatoria.
L'attenzione dell'Unione Europea al tema della disabilità è sicuramente forte e impattante tanto da essere costantemente monitorato; il documento più recente è la "Comunicazione della

Commissione al Parlamento Europeo, al Consiglio, al Comitato Economico e Sociale Europeo e al Comitato delle Regioni" contenente la "Strategia europea sulla disabilità 2010-2020: un rinnovato impegno per un'Europa senza barriere" del 15.11.2010.
Circa un mese dopo, il 23.12.2010, l'Unione Europea ha ratificato la Convenzione Onu.
Con particolare riferimento ai disabili ed al mondo del lavoro spicca per importanza l'articolo 4 del documento laddove testualmente riporta le seguenti osservazioni:

> *"Un impiego di qualità assicura l'indipendenza economica, favorisce la riuscita personale e offre la migliore tutela contro la povertà.*
> *Il tasso di occupazione delle persone disabili, è tuttavia pari soltanto al 50% circa.*
> *Per raggiungere gli obiettivi di crescita nell'UE è necessario chele persone con disabilità con un impiego remunerato siano più numerose sul mercato del lavoro aperto.*
> *La Commissione sfrutterà appieno il potenziale della strategia Europa 2020 e del suo programma per il rinnovamento delle competenze e del lavoro, mettendo a disposizione degli Stati membri analisi, orientamenti politici, informazioni e altre forme di aiuto.*
> *Essa migliorerà l'informazione relativa alla situazione occupazionale di donne e uomini con disabilità, identificherà i problemi e proporrà soluzioni, dedicando una particolare attenzione ai giovani disabili al momento del loro passaggio dall'istruzione al mondo del lavoro.*
> *La Commissione agirà sulla mobilità intraprofessionale sul mercato del lavoro e in laboratori protetti grazie allo scambio di informazioni e all'apprendimento reciproco.*
> *In collaborazione con le parti sociali, si occuperà anche del lavoro autonomo e della qualità del lavoro, comprese le condizioni di lavoro e gli avanzamenti di carriera.*
> *La Commissione garantirà un maggiore sostegno alle iniziative volontarie volte a promuovere la gestione della diversità sul luogo di lavoro, ad esempio le carte della diversità firmate dai datori di lavoro e un'iniziativa di imprenditorialità sociale.*

> *L'UE sosterrà e completerà le azioni nazionali al fine di analizzare la situazione del mercato del lavoro delle persone con disabilità, lottare contro i principi e le insidie di determinate prestazioni di invalidità che li scoraggiano all'entrare nel mercato del lavoro, aiutarli ad integrarsi nel mondo del lavoro facendo ricorso al Fondo Sociale Europeo (FSE), elaborare politiche attive del mercato del lavoro, rendere i luoghi di lavoro più accessibili, sviluppare servizi di inserimento professionale, strutture di sostegno e formazioni sul luogo di lavoro, promuovere l'utilizzo di sostegno e formazioni sul luogo di lavoro, promuovere l'utilizzo del regolamento generale di esenzione per categoria che autorizza la concessione di aiuti di Stato senza notifica preliminare alla Commissione."*

Il documento giunge alla conclusione che obiettivo della Commissione deve essere quello di **"Permettere a un maggior numero di disabili di guadagnarsi da vivere sul mercato del lavoro aperto".**

Passiamo ora ad esaminare la sequenza delle disposizioni legislative domestiche.

Il pilastro della disciplina dell'inserimento lavorativo delle persone disabili è stata sicuramente la **Legge n. 482 del 02.04.1968** recante "Disciplina generale delle assunzioni obbligatorie presso le pubbliche amministrazioni e le aziende private" - pubblicata in Gazzetta Ufficiale n. 109 del 30.04.1968.

Il Titolo I, articolo 1 "Soggetti aventi diritto ad assunzione obbligatoria", prevedeva che:

> 1. La presente legge disciplina l'assunzione obbligatoria – presso le aziende private e le amministrazioni dello Stato, anche ad ordinamento autonomo, le amministrazioni regionali, provinciali e comunali, le aziende di Stato e quelle municipalizzate, nonché le amministrazioni degli enti pubblici in genere e degli istituti soggetti a vigilanza governativa – degli invalidi di guerra, militari e civili, degli invalidi per servizio, degli invalidi del lavoro , degli invalidi civili, dei ciechi, dei sordomuti, degli orfani e delle vedove

dei caduti in guerra o per servizio o sul lavoro, degli ex-turbercolitici e dei profughi.

2. Non si applicano le disposizioni di cui alla presente legge nei confronti di coloro che abbiano superato il 55^ anno di età, nonché nei confronti di coloro che abbiano perduto ogni capacità lavorativa o che, per la natura ed il grado della loro invalidità, possano riuscire di danno alla salute e alla incolumità dei compagni di lavoro o alla sicurezza degli impianti.

L'inserimento lavorativo dei disabili può trovare terreno favorevole ed essere valorizzato anche attraverso le cosiddette "cooperative sociali" che trovano la loro disciplina iniziale nella **Legge 381 del 08.11.1991** recante "Disciplina delle cooperative sociali" – pubblicata in Gazzetta Ufficiale Serie Generale n. 283 del 03.12.1991.
Tale impianto normativo ha cercato di valorizzare ed incoraggiare la costituzione delle cooperative di tipo "B" (di produzione e lavoro) finalizzate a creare contesti adatti per l'inserimento lavorativo dei disabili.
Lo scopo delle cooperative sociali è indicato al suo articolo 1, ed in particolare, puntano a perseguire l'interesse generale della comunità alla promozione umana e all'integrazione sociale dei cittadini attraverso la gestione di servizi sociosanitari ed educativi; lo svolgimento di attività diverse, agricole, industriali, commerciali o di servizi, finalizzate all'inserimento lavorativo di persone svantaggiate.
Il suo articolo 4 definisce le "Persone svantaggiate" prevedendo che:

1. Nelle cooperative che svolgono le attività di cui all'articolo 1, comma 1, lettera b), si considerano persone svantaggiate **gli invalidi fisici, psichici e sensoriali**, gli ex degenti di istituti psichiatrici, i soggetti in trattamento psichiatrico, i tossicodipendenti, gli alcolisti, i minori in età lavorativa in situazioni di difficoltà familiare, i condannati ammessi alle misure alternative alla detenzione previste dagli articoli 47, 47 bis, 47 ter e 48 della legge 26 luglio 1975, n. 354, come modificati dalla legge 10 ottobre 1986, n. 663. Si considerano inoltre persone svantaggiate i soggetti indicati con decreto del

Presidente del Consiglio dei Ministri, su proposta del Ministro del lavoro e della previdenza sociale, di concerto con il Ministro della sanità, con il Ministro dell'interno e con il Ministro per gli affari sociali, sentita la commissione centrale per le cooperative istituita dall'articolo 18 del citato decreto legislativo del Capo provvisorio dello stato 14 dicembre 1947, n. 1577, e successive modificazioni.

2. Le persone svantaggiate di cui al comma 1 devono costituire almeno il trenta per cento dei lavoratori della cooperativa e, compatibilmente con il loro stato soggettivo, essere socie della cooperativa stessa. La condizione di persona svantaggiata deve risultare da documentazione proveniente dalla pubblica amministrazione, fatto salvo il diritto alla riservatezza.

L'ambito di applicazione della Legge 381/1991 è stato recentemente ampliato dal **Decreto Legislativo n. 112 del 03.07.2017** recante "Revisione della disciplina in materia di impresa sociale, a norma dell'articolo 2, comma 2, lettera c) della **legge 6 giugno 2016 n. 106**". In particolare, sono ampliati gli ambiti di applicazione delle cooperative sociali che quindi possono operare nei seguenti servizi:

a) interventi e servizi sociali;
b) interventi e prestazioni sanitarie;
c) prestazioni sociosanitarie;
d) educazione, istruzione e formazione professionale, nonché le attività culturali di interesse sociale con finalità educativa;
e) interventi e servizi finalizzati alla salvaguardia e al miglioramento delle condizioni dell'ambiente e all'utilizzazione accorta e razionale delle risorse naturali, con esclusione dell'attività, esercitata abitualmente, di raccolta e riciclaggio dei rifiuti urbani, speciali e pericolosi;
f) interventi di tutela e valorizzazione del patrimonio culturale e del paesaggio;
g) formazione universitaria e post-universitaria;
h) ricerca scientifica di particolare interesse sociale;

i) organizzazione e gestione di attività culturali, artistiche o ricreative di interesse sociale, incluse attività, anche editoriali, di promozione e diffusione della cultura e della pratica del volontariato;
j) radiodiffusione sonora a carattere comunitario;
k) organizzazione e gestione di attività turistiche di interesse sociale, culturale o religioso;
l) formazione extra-scolastica, finalizzata alla prevenzione della dispersione scolastica e al successo scolastico e formativo, alla prevenzione del bullismo ed al contrasto della povertà educativa;
m) servizi strumentali alle imprese sociali o ad altri enti del Terzo settore resi da enti composti in misura non inferiore al settanta per cento da imprese sociali o da altri enti del Terzo settore;
n) cooperazione allo sviluppo;
o) attività commerciali, produttive, di educazione e informazione, di promozione, di rappresentanza, di concessione in licenza di marchi di certificazione, svolte nell'ambito o a favore di filiere del commercio equo e solidale;
p) servizi finalizzati all'inserimento o al reinserimento nel mercato del lavoro dei lavoratori e delle persone svantaggiate;
q) alloggio sociale nonché ogni altra attività di carattere residenziale temporaneo diretta a soddisfare bisogni sociali, sanitari, culturali, formativi o lavorativi;
r) accoglienza umanitaria ed integrazione sociale dei migranti;
s) microcredito;
t) agricoltura sociale;
u) organizzazione e gestione di attività sportive dilettantistiche;
v) riqualificazione di beni pubblici inutilizzati o di beni confiscati alla criminalità organizzata.

Si tratta sicuramente di un primo approccio, che vede nel susseguirsi l'approvazione della Legge la **Legge n. 104 del 05.02.1992**, "Legge – quadro per l'assistenza, l'integrazione sociale e i diritti delle persone handicappate" – pubblicata in Gazzetta Ufficiale n. 39 del 17.02.1992 – Supplemento Ordinario.

Tra gli scopi primari della Legge n. 104/1992 si evidenzia, per quanto di nostro principale interesse, all'articolo 1, lettera a) che la Repubblica *"garantisce il pieno rispetto della dignità umana e i diritti di libertà e di autonomia della persona handicappata e ne promuove la piena integrazione nella famiglia, nella scuola, nel mondo del lavoro e nella società in genere".*

Il primo pilastro, ovvero la Legge n. 482/68 è stato interamente abrogato dalla **Legge n. 68 del 12.03.1999** recante "Norme per il diritto al lavoro dei disabili" – pubblicata in Gazzetta Ufficiale n. 68 del 23.03.1999 – Supplemento Ordinario n. 57.
Obiettivo della Legge n. 68/1999, che come abbiamo detto ha riscritto completamente le indicazioni contenute nella Legge n. 482/68 è quello di promuovere l'integrazione delle persone disabili nel mercato del lavoro, attivando tutta una serie di azioni a sostegno e di collocamento mirato, favorendo l'inserimento nel mondo del lavoro personalizzato, con particolare riguardo ed attenzione alle particolari esigenze delle persone disabili.
Non si parla più di "collocamento obbligatorio" ma di "collocamento mirato", pur permanendo per alcune specifiche categorie di persone disabili il diritto di essere obbligatoriamente assunte dai datori di lavoro.
La ratio è quella di consentire un agevole inserimento nel contesto lavorativo delle persone affette da disabilità nella misura in cui le stesse, possono attivare le proprie capacità.
Non si parla più di persone disabili ma di persone diversamente abili con lo scopo di valorizzare le proprie doti, le proprie capacità e potenzialità.
I disabili possono e devono essere risorse attive nella nostra società, nelle nostre imprese, nel nostro tessuto sociale.
Vi è una importante interconnessione tra queste due ultime normative essendo entrambe orientate a favorire concretamente l'inserimento dei soggetti svantaggiati nel mondo del lavoro anche attraverso una specifica attività formativa demandata alle Regioni ed in generale con la promozione di ogni attività idonea a favorire l'inserimento e l'integrazione lavorativa dei soggetti portatori di handicap.
Più recentemente, nell'ambito dell'ultima riforma del Lavoro, più nota comunemente come Jobs Act, ovvero la Legge n. 183 del 10.12.2014, è intervenuto, sempre in materia di collocamento di persone disabili, il **Decreto Legislativo n. 150 del 14.09.2015** avente per oggetto "Disposizioni per il riordino della normativa in materia di

servizi per il lavoro e di politiche attive, ai sensi dell'articolo 1, comma 3, della Legge 10 dicembre 2014, n. 183" – pubblicato in Gazzetta Ufficiale n. 221 del 23.09.2015 – Supplemento Ordinario n. 53, entrato in vigore il 24.09.2015 ed il **Decreto Legislativo n. 151 del 14.09.2015** avente per oggetto "Disposizioni di razionalizzazione e semplificazione delle procedure e degli adempimenti a carico di cittadini e imprese e altre disposizioni in materia di rapporto di lavoro e pari opportunità, in attuazione della legge 10 dicembre 2014, n. 183." – pubblicato in Gazzetta Ufficiale n. 221 del 23.09.2015 – Supplemento Ordinario n. 53, entrato in vigore dal 24.09.2015.
In particolare, il **Decreto Legislativo n. 150/2015** individua, con riferimento al collocamento delle persone disabili, il ruolo del Ministero del Lavoro, delle Regioni e Province autonome, dell'INAIL, dell'ANPAL e dell'INAPP.

Vediamo le previsioni a favore del collocamento dei disabili nei singoli articoli di interesse:

Art. 1 Rete Nazionale per i servizi per le politiche del lavoro

> *"Il Ministro del Lavoro e delle Politiche sociali e le Regioni e Province autonome, per le parti di rispettiva competenza, esercitano il ruolo di indirizzo politico in materia di politiche attive per il lavoro (P.A.L.), mediante l'individuazione di strategie, obiettivi e priorità che identificano la politica nazionale in materia,* ***ivi comprese le attività relative al collocamento dei disabili di cui alla Legge n. 68/99****..."*

Art. 9 Funzioni e compiti dell'Agenzia Nazionale per le Politiche Attive del Lavoro

> *"All'ANPAL sono conferite le seguenti funzioni:*
> *a) Coordinamento della gestione dell'Assicurazione Sociale per l'Impiego, dei Servizi e delle misure di politica attiva del lavoro di cui all'articolo 18,* ***del collocamento dei disabili di cui alla Legge n. 68/99****, nonché delle politiche di attivazione dei lavoratori disoccupati, con particolare riferimento ai beneficiari di prestazioni di sostegno del*

reddito collegate alla cessazione del rapporto di lavoro...".

Art. 10 Funzioni e compiti dell'Agenzia Nazionale per le Politiche Attive del Lavoro

"Entro i 60 giorni successivi al rinnovo degli organi dell'ISFOL (ora INAPP) di cui al c. 1, si provvede alla modifica dello Statuto e del Regolamento dell'ISFOL cui sono assegnate le seguenti funzioni:

a) Studio, ricerca, monitoraggio e valutazione, coerentemente con gli indirizzi strategici stabiliti dalle politiche statali e regionali in materia di istruzione e formazione professionale, formazione in apprendistato e percorsi formativi in alternanza, formazione continua, ***integrazione dei disabili nel mondo del lavoro,*** *inclusione sociale dei soggetti che presentano maggiori difficoltà e misure di contrasto alla povertà, servizi per il lavoro e politiche attive del lavoro, anche avvalendosi dei dati di cui all'articolo 13..."*

Art. 11 Organizzazione dei servizi per il lavoro e delle politiche attive del lavoro a livello regionale e delle province autonome

"Allo scopo di garantire livelli essenziali di prestazioni (LEP) attraverso meccanismi coordinati di gestione amministrativa, il Ministero del Lavoro e delle politiche sociali stipula, con ogni Regione e con le Province autonome di Trento e Bolzano, una convenzione finalizzata a regolare i relativi rapporti e obblighi in relazinoe alla gestione dei Servizi per il lavoro e delle PAL nel territorio della Regione o Provincia autonoma, nel rispetto del presente Decreto nonché dei seguenti principi, tra cui, alla lettera d) attribuzione alle Regioni e Province autonome delle funzioni e dei compiti di cui all'articolo 18, nonché dei seguenti compiti:

1) ***Servizi per il collocamento dei disabili, di cui alla Legge n. 68/99****.*

Art. 18 Servizi e misure di politica attiva del lavoro

1. *"Allo scopo di costruire i percorsi più adeguati per l'inserimento e il reinserimento nel mercato del lavoro, le Regioni e le Province autonome di Trento e Bolzano costituiscono propri uffici territoriali, denominati Centri per l'Impiego, per svolgere in forma integrata, nei confronti dei disoccupati, lavoratori beneficiari di strumenti di sostegno al reddito in costanza di rapporto di lavoro e a rischio di disoccupazione, le seguenti attività, tra cui alla lettera I) gestione di strumenti finalizzati alla conciliazione dei tempi di lavoro con gli obblighi di cura nei confronti di minori o di soggetti non autosufficienti.*

3. ***Le norme del presente Capo si applicano al collocamento dei disabili, di cui alla Legge n. 68/99, in quanto applicabili.***

Al fine di rendere attuabile il contenuto del Decreto Legislativo n. 150 del 14.09.2015 è intervenuta la **Circolare del Ministero del Lavoro n. 34 del 23.12.2015** recante "Disposizioni per il riordino della normativa in materia di Servizi per il lavoro e di politiche attive, ai sensi dell'articolo 1, comma 3, della Legge 10 dicembre 2014, n. 183".
Non meno importante è il **Decreto Legislativo n. 151/2015** che dedica l'intero Capo I "razionalizzazione e semplificazione in materia di inserimento mirato delle persone con disabilità" dall'articolo 1 all'articolo 13 ridefinendo il Collocamento mirato e riscrivendo il contenuto della Legge n. 68/1999 in materia di inserimento delle persone affette da disabilità nel mondo del lavoro attraverso varie azioni anche semplificative degli adempimenti.
Il Decreto Legislativo n. 151/2015 si pone l'obiettivo di sostenere l'inclusione socio-lavorativa anche attraverso una semplificazione delle procedure esistenti.
A tale fine prevede l'adozione di nuove linee guida in materia di collocamento mirato delle persone con disabilità, che integrano i vari soggetti coinvolti e valutano in materia onnicomprensiva tutti gli

aspetti attinenti all'inserimento con l'obiettivo di omogenizzare le varie pratiche già esistenti sul territorio.
Nel dettaglio, i principi a cui si ispireranno le linee guida sono:

- la promozione di una rete integrata con i servizi sociali, sanitari, educativi e formativi, del territorio, nonché con l'Inail, per favorire l'accompagnamento e il supporto della persona con disabilità durante il suo percorso di inserimento;
- la promozione di accorti territoriali che vedano il coinvolgimento dei vari stakeholder, organizzazioni sindacali dei lavoratori e associazioni datoriali, comparativamente più rappresentative sul piano nazionale, cooperative sociali, associazioni delle persone con disabilità e i loro familiari, organizzazioni del terzo settore operanti nel campo.

Come evidenziato anche nel **Dpr del 12.10.2017** avente per oggetto "Adozione del secondo programma di azione biennale per la promozione dei diritti e l'integrazione delle persone con disabilità" – pubblicato in Gazzetta Ufficiale Serie Generale n. 289 del 12.12.2017 al Capitolo 7 – Linea di intervento n. 5 Lavoro e occupazione, il Decreto Legislativo n. 151/2015 ha:

- **definito** le linee guida sul collocamento mirato, volte a rilanciare lo "spirito della Legge 68/1999, e che costituiranno uno strumento nazionale di nuovo indirizzo e coordinamento per i servizi del collocamento mirato.
  Protagonisti di questa evoluzione saranno:
  - ☑ la rete dei servizi (centri per l'impiego, servizi sociali, servizi socio-sanitari);
  - ☑ la partecipazione da parte delle forze della comunità nelle scelte di programmazione degli interventi (parti sociali, associazioni delle persone con disabilità e loro familiari, cooperative sociali);
  - ☑ l'individuazione di modalità di valutazione bio-psicosociale della disabilità, insieme alla definizione dei criteri di predisposizione dei progetti di inserimento lavorativo e degli indirizzi per la

valutazione e la progettazione dell'inserimento lavorativo da parte degli uffici competenti;

- ☑ l'analisi delle caratteristiche dei posti di lavoro e le indicazioni su come adeguarli;
- ☑ l'istituzione di un responsabile dell'inserimento lavorativo nei luoghi di lavoro che si occuperà di predisporre progetti personalizzati per le persone con disabilità e di risolvere problemi legati alle condizioni di lavoro dei dipendenti con disabilità;
- ☑ l'individuazione di buone pratiche di inclusione lavorativa delle persone con disabilità.

- ➢ **Previsto** l'istituzione della "Banca dati del Collocamento mirato" che raccoglierà le informazioni relative ai datori di lavoro e ai lavoratori, comprese quelle relative agli accomodamenti ragionevoli al fine di razionalizzare la raccolta sistematica dei dati disponibili sul collocamento mirato, di semplificare gli adempimenti, di rafforzare i controlli, nonché di migliorare il monitoraggio e la valutazione degli interventi di inserimento lavorativo ai sensi dell'articolo 9 della Legge n. 68/1999.
- ➢ **Disciplinato** il Fondo per il diritto al lavoro dei disabili, rivedendo, in una azione di rafforzamento, gli incentivi alle assunzioni e rendendoli automatici. Come meglio precisato nell'apposito capito dedicato agli incentivi per l'assunzione di personale disabile, tali benefici varranno per 36 mesi per le assunzioni dei lavoratori con disabilità con riduzione della capacità lavorativa superiore al 67% e con un incentivo pari al 35% della retribuzione lorda mensile; per poi salire al 70% per l'assunzione di disabili con riduzione della capacità lavorativa superiore al 79%. Gli incentivi sono inoltre previsi nella misura del 70% della retribuzione lorda mensile e per un periodo di 60 mesi per le assunzioni di lavoratori con disabilità intellettiva e psichica.

La riforma dell'inserimento lavorativo delle persone con disabilità si colloca nell'ambito generale della riforma del mercato del lavoro posta in atto con il Jobs Act ed, in particolare, delle politiche attive del lavoro, che vede la costituzione di una specifica agenzia (Anpal) e l'attivazione di specifici strumenti, che possono rappresentare opportunità di inserimento per le persone con disabilità che si aggiungono e completano le tutele già previste dalla Legge n. 68/1999.

Segue poi, in ordine di tempo, il **Decreto Legislativo n. 185 del 24.09.2016**, recante "Disposizioni integrative e correttive dei decreti legislativi 15 giugno 2015, n. 81 e 14 settembre 2015, nn. 148, 149, 150 e 151, a norma dell'articolo 1, comma 13, della legge 10 dicembre 2014 n. 183" - pubblicato in Gazzetta Ufficiale Serie Generale n. 235 del 07.10.2016

Il Decreto Legislativo n. 185/2016 ridefinisce l'ambito di applicazione del "collocamento obbligatorio" ai fini della determinazione della cosiddetta "quota di riserva" prevedendo all'articolo 5 comma 1 lettera a), l'obbligo di calcolare nella quota di riserva i lavoratori, già disabili prima della costituzione del rapporto di lavoro, anche se non assunti tramite collocamento obbligatorio, nel caso in cui abbiano una riduzione della capacità lavorativa pari o superiore al 60% e non più soltanto "superiore al 60%".

Si riscrivono anche le sanzioni, prevedendo all'articolo 5 comma 1 lettera b) che la sanzione amministrativa, trascorsi 60 giorni dalla data in cui insorge l'obbligo di assunzione del lavoratore disabile, sia pari a € 153,20 per ogni giorno e per ogni lavoratore non a norma, da applicare ai datori di lavoro che non ottemperano entro i termini di legge, per cause a loro imputabili, all'obbligo di assunzione di personale disabile (5 volte la misura del contributo esonerativo di cui all'articolo 5 comma 3 bis della Legge n. 68/1999 che è pari a € 30,64.

Infine, ma non per ultimo per gli effetti sulla platea dei disabili disponibili al lavoro, il **Decreto Legge n. 244 del 30.12.2016**, avente per oggetto "Proroga e definizione di termini" – pubblicato in Gazzetta Ufficiale Serie Generale n. 304 del 30.12.2016 e convertito con modificazioni nella **Legge n. 19 del 27.02.2017** – pubblicata in Gazzetta Ufficiale n. 49 del 28.02.2017 – Supplemento Ordinario n. 14, più noto come Decreto Milleproroghe.

Il Decreto Legge n. 244/2016 proroga infatti di un anno laddove, il comma 3 dell'articolo 3 inserito in sede di conversione in Legge, proroga di un anno gli effetti dell'articolo 3 del Decreto Legislativo n. 151/2015 che abrogava l'articolo 3 comma 2 della Legge n. 68/1999.

L'articolo 3 comma 1 del Decreto Legislativo prevedeva, a far data dal 01.01.2017, l'abrogazione del cosiddetto "regime di gradualità" per cui i datori di lavoro che occupavano da 15 a 35 dipendenti sarebbero stati obbligati ad assumere un nuovo lavoratore con disabilità, mentre precedentemente l'obbligo insorgeva solo in caso di nuove assunzioni.
Lo slittamento, per effetto dell'articolo 3 comma 3 del Decreto Milleproroghe, al 01.01.2018 comporta l'introduzione di questo maggior obbligo di assunzione a far data appunto dal 01.01.2018.

CAPITOLO II

IL COLLOCAMENTO MIRATO

1. Il collocamento mirato

Al fine di promuovere l'integrazione sociale dei disabili ed il pieno sviluppo della loro persona, anche nell'ambito professionale, la legge si preoccupa di favorirne l'inserimento nel mondo del lavoro, assicurando loro la conservazione del posto di lavoro già occupato ed in secondo luogo favorendo la creazione di ulteriori occasioni di lavoro, sia mediante incentivi e misure di sostegno al loro collocamento mirato, sia soprattutto imponendo l'assunzione di una certa quota di disabili da parte delle aziende di certe dimensioni.

Con questo nuovo termine **"collocamento mirato"**, così come definito dall'articolo 2 della Legge n. 68/1999, si intende *"...quella serie di strumenti tecnici e di supporto che permettono di valutare adeguatamente le persone con disabilità nelle loro capacità lavorative e di inserirle nel posto più adatto, attraverso analisi di posti di lavoro, forme di sostegno, azioni positive e soluzioni dei problemi connessi con gli ambienti, gli strumenti e le relazioni interpersonali sui luoghi quotidiani di lavoro e di relazione."*.

Il cambio di rotta che sposta il collocamento da "obbligatorio" a "mirato" mette al centro il disabile non come persona da assistere esclusivamente con prestazioni previdenziali ed assistenziali ma come persone da valorizzare ed inserire nel contesto produttivo in relazione alla propria capacità di svolgere una attività produttiva nell'ambito di una azienda pubblica o privata.

L'obbligo di assumere viene elaborato in un processo più complesso in cui il collocamento della persona con diversa abilità risulta essere l'atto finale di un percorso complesso ed articolato che vede coinvolti

diversi attori (disabile, le aziende, le istituzioni, le associazioni, ecc…).
L'impianto normativo della Legge n. 68/1999, aggiornato e riformato dal Decreto Legislativo n. 151/2015, prevede un collocamento mirato delle persone con handicap partendo da attente valutazioni da parte delle istituzioni regionali e provinciali le quali si avvalgono di un Ufficio provinciale per l'inserimento lavorativo, a cui fanno riferimento specifici comitati tecnici, formati da impiegati ed esperti del settore sociale e medico legale, che stilano un programma individualizzato e dettagliato per ogni persona iscritta alle liste di collocamento.
I loro compiti sono quelli di **valutare le reali capacità e potenzialità lavorative dei lavoratori disabili**, definire gli strumenti utili all'inserimento lavorativo e al collocamento mirato predisponendone un piano di tutoraggio e orientare i lavoratori disabili verso nuovi corsi di formazione o aggiornamento per sviluppare e approfondire nuove capacità.
Il risultato di un buon collocamento mirato può intendersi perseguito quando vi è l'incontro tra le capacità e peculiarità della persona disabile e le necessità e caratteristiche dell'azienda.
In termini di produttività in alcuni casi si può giungere ad una produttività molto simile se non addirittura uguale a quella di un lavoratore non disabile.
Il vero obiettivo da raggiungere per chi lavora nel settore dell'inserimento lavorativo, più perseguibile e sostenibile a lungo termine non è il raggiungimento di una produttività del 100% quanto il raggiungimento della massima produttività possibile in considerazione delle peculiarità del singolo dipendente con disabilità inserito, tenendo quindi conto anche di una diversa organizzazione (in termini di orario per esempio) nel caso in cui questa potesse ottimizzare le risorse e portare ad un aumento della produttività che deve anche leggersi come una migliore integrazione del lavoratore disabile.

2. Gli aventi diritto

Possono accedere al collocamento mirato e quindi all'assunzione obbligatoria da parte dei datori di lavoro che possiedono i requisiti di cui al successivo paragrafo 4 i seguenti soggetti:

- persone in età lavorativa affetta da minorazioni fisiche, psichiche o sensoriali e i portatori di handicap intellettivo, con un riconoscimento dell'invalidità civile superiore al 45%;
- persone invalide del lavoro con un grado di invalidità superiore al 33%;
- non vedenti (tra i quali rientrano anche coloro che abbiano un residuo visivo non superiore a 1/10 in entrambi gli occhi), sordi o muti;
- invalidi di guerra e invalidi civili di guerra (con minorazioni dalla prima all'ottava categoria);
- invalidi per servizio con minorazioni (ex dipendenti pubblici, compresi i militari).

Al fine di attestare le condizioni di disabilità che consentono l'accesso al collocamento mirato, si deve far riferimento all'accertamento delle Commissioni previste dalla Legge 104/1992.
Tale disposizione è contenuta all'articolo 19 della Legge n. 104/1992 che disciplina i soggetti aventi diritto, prevedendo testualmente:

> 1. In attesa dell'entrata in vigore della nuova disciplina del collocamento obbligatorio, le disposizioni di cui alla legge 2 aprile 1968 n. 482, e successive modificazioni, devono intendersi applicabili anche a coloro che sono affetti da minorazione psichica, i quali abbiano una capacità lavorativa che ne consente l'impiego in mansioni compatibili. Ai fini dell'avviamento al lavoro, la valutazione della persona handicappata tiene conto della capacità lavorativa e relazionale dell'individuo e non solo della minorazione fisica o psichica. La capacità lavorativa è accertata dalle commissioni di cui **all'articolo 4** della presente legge, integrate ai sensi dello stesso articolo da uno specialista nelle discipline neurologiche, psichiatriche o psicologiche.

Si rende quindi necessario prendere in esame l'articolo 4 della Legge n. 104/1992 "Accertamento dell'handicap", che prevede testualmente:

> 1. Gli accertamenti relativi alla minorazione, alle difficoltà, alla necessità dell'intervento assistenziale permanente e alla capacità complessiva individuale residua, di cui all'articolo 3, sono effettuati dalle unità sanitarie locali mediante le commissioni mediche di cui all'articolo 1 della legge 15 ottobre 1990, n. 295, che sono integrate da un operatore sociale e da un esperto nei casi da esaminare, in servizio presso le unità sanitarie locali

La Commissione è composta da un medico specialista in medicina legale che assume le funzioni di presidente e da due medici di cui uno scelto prioritariamente tra gli specialisti in medicina del lavoro.
I medici sono scelti tra i medici dipendenti o convenzionati dalla Usl territorialmente competente.
La Commissione è la medesima che accerta l'invalidità civile, ma è integrata da un operatore sociale e un esperto nei casi da esaminare.
Alla Commissione partecipa, di volta in volta, un sanitario in rappresentanza, rispettivamente, dell'Associazione nazionale dei mutilati ed invalidi civili (ANMIC), dell'Unione italiana ciechi (UIC), dell'Ente Nazionale per la protezione e l'assistenza ai sordomuti (ENS) e dell'Associazione nazionale delle famiglie dei fanciulli ed adulti subnormali, (ANEFAS), ogni qualvolta devono pronunciarsi su invalidi appartenenti alle rispettive categorie.
Dal 01.01.2010 la Commissione è integrata da un medico Inps quale Componente effettivo.
L'accertamento delle condizioni di disabilità è effettuato secondo le modalità indicate dal **D.P.C.M. 13.01.2000**, avente per oggetto "Atto di indirizzo e coordinamento in materia di collocamento obbligatorio dei disabili a norma dell'articolo 1 comma 4 della Legge 12 marzo 1999".
Tale accertamento, relativo alle capacità residue, consente di accedere al sistema per l'inserimento lavorativo delle persone con disabilità ed in particolare ai percorsi di collocamento mirato.

Proprio con riferimento all'obiettivo dell'accertamento delle condizioni di disabilità, viste nell'ottica positiva dell'inserimento lavorativo, si evidenzia che tale accertamento potrebbe anche avere esito negativo laddove oggettivamente si verifichi che non sussistano "capacità residue" per l'inserimento lavorativo.

3. Le categorie protette

Sono categorie protette, tutelate quindi dalla Legge n. 68/1999:

- i profughi italiani;
- orfani e vedove/i di deceduti per causa di lavoro, di guerra o di servizio svolto nelle pubbliche amministrazioni ed equiparati (sono equiparati alle vedove/i e agli orfani, i coniugi e i figli di grandi invalidi del lavoro dichiarati incollocabili, dei grandi invalidi per servizio o di guerra con pensione di prima categoria);
- vittime del dovere;
- vittime del terrorismo;
- vittime della criminalità organizzata.

4. I soggetti obbligati

Per effetto delle previsioni di cui all'articolo 3 del Decreto Legislativo n. 151 del 14.09.2015, i cui termini di entrata in vigore sono stati prorogati dalla Legge di Conversione n. 19/2017 del Decreto Milleproroghe del 30.12.2016, a partire dal 01.01.2018 i datori di lavoro pubblici e privati sono tenuti ad avere alle loro dipendenze lavoratori appartenenti alle categorie protette, di cui all'articolo 1 della Legge n. 68/99 nelle seguenti misure:

- aziende da 15 a 35 dipendenti: 1 lavoratore;
- aziende da 36 a 50: 2 lavoratori;
- aziende con oltre 50 dipendenti: 7% dei lavoratori occupati.

Tale obbligo si applica anche ai partiti politici, alle organizzazioni sindacali, alle organizzazioni che, senza scopo di lucro, operano nel campo della solidarietà sociale, dell'assistenza e della riabilitazione.
I datori di lavoro, pubblici e privati, sono tenuti a salvaguardare il mantenimento del posto di lavoro a quei soggetti che, non essendo disabili al momento dell'assunzione, abbiano acquisito per infortunio sul lavoro o malattia professionale eventuali disabilità.
La Legge n. 68/1999 infatti tutela tali lavoratori indipendentemente dal lavoro che si svolgeva prima dell'infortunio, prevedendo l'obbligo di conservazione del posto di lavoro con eventuale indirizzo dello stesso lavoratore ad una mansione alternativa consona al nuovo "stato fisico" del lavoratore.
Sono previsti alcuni casi di sospensione dell'obbligo (per esempio per le aziende con personale in mobilità) e di esonero (per esempio nel caso di aziende che operano nel settore del trasporto pubblico aereo, marittimo e terrestre, limitatamente al personale viaggiante o navigante).

5. Il ruolo delle politiche attive

Le cosiddette "politiche attive" ovvero quel complesso di azioni messe in atto dalle istituzioni nazionali e locali per promuovere l'occupazione e l'inserimento lavorativo, nel caso di specie con particolare riferimento alle persone disabili, rivestono un ruolo assolutamente determinante al fine di consentire l'incontro tra la domanda e l'offerta, tra il disabile da inserire e l'azienda che necessita di personale da inserire nel proprio processo produttivo.
Affinchè questo sia possibile è necessario attivare da un lato accurate procedure di rilevazione delle specificità dei cicli produttivi e degli ambienti di lavoro, dall'altro forme di analisi delle caratteristiche personali dei candidati all'inserimento lavorativo, nonché individuare strumenti di formazione, sostegno e tutoraggio finalizzati a supportare il percorso di graduale inserimento sul luogo di lavoro.
Centrale è il contenuto dell'articolo 6 della Legge n. 68/1999 laddove al comma 1 prevede una attività, in stretta collaborazione, tra i servizi per l'impiego e i servizi sociali, sanitari, educativi e formativi del territorio, i quali in simbiosi devono provvedere "alla

programmazione, all'attuazione, alla verifica, degli interventi volti a favorire l'inserimento dei soggetti di cui alla Legge n. 68/1999 nonché all'avviamento lavorativo, alla tenuta delle liste, al rilascio delle autorizzazioni, degli esoneri e delle compensazioni territoriali, alla stipula delle convenzioni e all'attuazione del collocamento mirato.
Proprio per meglio rispondere a queste attività, in alcuni casi anche complesse e comunque "sensibili" è necessario prevedere la dotazione presso i Centri per l'Impiego di un settore appositamente studiato per la gestione delle tematiche relative al collocamento dei disabili.
La struttura, l'ampiezza, l'organizzazione interna, dipenderà anche dalla potenziale utenza che ad essi si potrà rivolgersi anche in relazione a variabili geografiche.
Nella sua organizzazione, sia in termini territoriali che di logistica interna si dovrà tener conto che la potenziale utenza potrebbe avere difficoltà di carattere motorio e quindi si dovrà valutare la loro accessibilità e raggiungibilità con mezzi di trasporto pubblici o speciali.
Gli organi coinvolti a vario titolo nella gestione del sistema del collocamento e dell'inserimento dei lavoratori disabili sono:

- la Commissione Provinciale per il Lavoro;
- i Centri per l'impiego;
- il Comitato Tecnico;
- la Direzione Provinciale del lavoro, seppure quest'ultima limitatamente ad alcune competenze specifiche.

Alla **Commissione Provinciale per il Lavoro** sono demandate le seguenti attività:

- definizione dei criteri per l'avviamento al lavoro delle persone con disabilità;
- approvazione della graduatoria e dell'elenco unico degli aventi diritto all'inserimento ai sensi della legge n. 68/99, articolo 1;
- predisposizione di specifiche schede per ciascuna persona con disabilità ove annotare le capacità lavorative, le abilità, le competenze, le inclinazioni, nonché il grado e la natura della minorazione;

- esame e parere sulle richieste di esonero parziale degli obblighi occupazionali e sulle domande di autorizzazione alla compensazione territoriale.

Ai **Centri per l'Impiego** sono riservate le seguenti competenze:

- ricezione dell'iscrizione da parte dei soggetti in possesso dei requisiti per beneficiare del collocamento mirato;
- compilazione dell'elenco ed elaborazione della relativa graduatoria;
- aggiornamento, sulla scorta delle informazioni trasmesse dalla Commissione Sanitaria della scheda personale dei soggetti con disabilità da cui risultano le capacità lavorative residue e la qualifica posseduta;
- registrazione delle assunzioni avvenute con richiesta nominativa da parte dei destinatari della Legge n. 68/1999;
- ricezione delle richieste di assunzione nominativa a seguito della sottoscrizione della convenzione;
- effettuazione degli avviamenti su base numerica;
- avvio al lavoro delle ex categorie protette di cui alla legge n. 482/1968;
- definizione, d'intesa con i datori di lavoro, delle qualifiche similari o dei profili professionali della persona con disabilità in carenza della qualifica richiesta dall'impresa, secondo la graduatoria degli elenchi speciali;
- ricezione del prospetto informativo inviato periodicamente dalle imprese;
- invio presso altri datori di lavoro, destinatari della legge 68/1999, dei lavoratori divenuti inabili durante lo svolgimento del rapporto di lavoro per grave infortunio sul lavoro o per malattia, senza l'inserimento in graduatoria;
- Ricezione ed autorizzazione delle richieste di compensazione territoriale;
- Ricezione ed autorizzazione delle domande per l'esonero parziale;

- Autorizzazione, in presenza dei requisiti prefissati, delle sospensioni temporanee degli obblighi occupazionali;
- Stipula delle convenzioni con i datori di lavoro, con le cooperative sociali, con i liberi professionisti disabili;
- Autorizzazione delle agevolazioni economiche a favore dei datori di lavoro che hanno stipulato convenzioni, secondo le priorità prefissate;
- Ricezione dei verbali da parte delle Direzioni Provinciali del Lavoro in merito alle sanzioni amministrative comminate ai trasgressori della legge 68/99;
- Ricezione delle comunicazioni delle cessazioni di rapporto di lavoro della persona con disabilità avviata obbligatoriamente.

Al Comitato Tecnico, costituito da persone esperte in disabilità, sono riservate le seguenti attività:

- Valutazione delle residue capacità lavorative e predisposizione dei controlli periodici sulla permanenza delle condizioni di inabilità;
- Ricezione della relazione conclusiva dell'accertamento della disabilità delle ASL;
- Trasmissione alla Commissione per l'accertamento della disabilità di ogni informazione utile ad illustrare il profilo lavorativo della persona con disabilità, e una relazione periodica di aggiornamento sul percorso di inserimento lavorativo;
- Richiesta alla Commissione per l'accertamento della disabilità, su propria autonoma valutazione o su indicazione dell'azienda (o ente) presso la quale la persona con disabilità è inserita, di visite sanitarie di controllo circa la permanenza dello stato invalidante e la misura delle capacità residue accertate;
- Attivazione di un nuovo accertamento della disponibilità su richiesta della persona inserita o dal datore di lavoro, qualora insorgano particolari difficoltà nella prosecuzione dell'inserimento lavorativo;

- Fornitura di pareri in merito all'accertamento della compatibilità delle mansioni svolto dalla Commissione;
- Definizione degli strumenti e delle prestazioni atti all'inserimento lavorativo:
  a. redazione, per ogni persona iscritta nell'elenco dei lavoratori disabili, di un'apposita scheda nella quale annotare le capacità lavorative, le abilità, le competenze, le inclinazioni, la natura e il grado della menomazione;
  b. facoltà di approvare la ripetibilità delle convenzioni ai sensi dell'articolo 12 comma 1 della Legge 68/1999;
  c. formulazione alla Commissione provinciale per il lavoro, utilizzando la relazione conclusiva trasmessa dalla ASL, di una proposta sintetica di inserimento lavorativo.

Infine, per ultimo ma non per competenze, troviamo la **Direzione Provinciale per il Lavoro** al quale sono attribuite le seguenti attività:

- Redazione e spedizione ai Centri per l'impiego e all'autorità giudiziaria del relativo verbale, in caso di rifiuto di assunzione;
- Disposizione della cancellazione della persona con disabilità dagli elenchi speciali e della decadenza dell'indennità di disoccupazione nell'ipotesi di rifiuto all'avviamento per mansioni confacenti;
- Applicazione delle sanzioni amministrative in caso di inosservanza da parte dei destinatari della norma.

In collaborazione con questi Enti si inseriscono anche i Servizi sociali, sanitari, educativi e formativi presenti sul territorio che svolgono importanti servizi necessari per l'avvio di processi di integrazione e collaborazione finalizzati alla realizzazione degli obiettivi di inserimento lavorativo.

6. La Banca dati del collocamento mirato

L'istituzione della Banca dati del collocamento mirato è stata prevista dal Decreto legislativo n. 151/2015 all'articolo 17.

Lo scopo è quello di raccogliere in maniera sistematica tutte le informazioni concernenti l'inserimento delle categorie protette. L'obiettivo finale è quello di semplificare gli adempimenti, rafforzare i controlli e migliorare le attività di monitoraggio e valutazione.

In questa Banca dati confluiranno le informazioni provenienti da più soggetti:

- datori di lavoro;
- uffici competenti;
- istituzioni.

Gli uffici competenti comunicano le informazioni relative alle sospensioni, agli esoneri autorizzati, alle convenzioni, alle informazioni sui soggetti iscritti negli elenchi del collocamento obbligatorio, alle schede personali e agli avviamenti effettuati.
L'**Inps** alimenta la Banca dati con le informazioni relative agli incentivi di cui il datore di lavoro beneficia; mentre le agevolazioni erogate localmente saranno comunicate dalle regioni e dalle province autonome di Trento e Bolzano.
L'**Inail** fornisce le informazioni relative agli interventi di reinserimento e di integrazione lavorativa delle persone con disabilità da lavoro.
La Banca dati del collocamento mirato potrà inoltre integrarsi con il Casellario dell'assistenza.
Le informazioni raccolte nella Banca Dati del Collocamento mirato sono rese disponibili tra le amministrazioni competenti anche per finalità statistiche, di ricerca e di studio.

CAPITOLO III

I SERVIZI PER L'IMPIEGO ED IL COLLOCAMENTO MIRATO

1. Linee guida per il collocamento mirato

Le linee guida per il collocamento mirato sono state recentemente dettate dal Decreto Legislativo n. 151 del 14.09.2015.
In particolare, il Decreto dedica a questo aspetto tutto il Capo I, Titolo I, articoli da 1 a 13, così suddivisi:

- **Articolo 1: Collocamento mirato**
  È prevista la definizione delle linee guida in materia di collocamento mirato delle persone con disabilità che viene demandata, previsa intesa in sede di Conferenza Stato-Regioni, ad uno o più Decreti del Ministero del Lavoro e delle Politiche sociali.
  Le linee guida si basano su principi particolarmente innovativi quali:
  a) promozione di una rete integrata con i servizi sociali, sanitari, educativi e formativi del territorio, nonché con l'INAIL, in relazione alle competenze in materia di reinserimento e di integrazione lavorativa delle persone con disabilità da lavoro, per l'accompagnamento e il supporto della persona con disabilità presa in carico al fine di favorirne l'inserimento lavorativo;
  b) promozione di accordi territoriali con le organizzazioni sindacali dei lavoratori e dei datori di lavoro comparativamente più rappresentative sul piano nazionale, le cooperative sociali di cui alla legge 8

novembre 1991, n. 381, le associazioni delle persone con disabilità e i loro familiari, nonché con le altre organizzazioni del terzo settore rilevanti, al fine di favorire l'inserimento lavorativo delle persone con disabilità;

c) individuazione, nelle more della revisione delle procedure di accertamento della disabilità, di modalità di valutazioni bio-psico-sociale della disabilità, definizione dei criteri di predisposizione dei progetti di inserimento lavorativo che tengano conto delle barriere e dei facilitatori ambientali rilevati, definizione di indirizzi per gli uffici competenti funzionali alla valutazione e progettazione dell'inserimento lavorativo in ottica bio-psico-sociale;
d) analisi delle caratteristiche dei posti di lavoro da assegnare alle persone con disabilità, anche con riferimento agli accomodamenti ragionevoli che il datore di lavoro è tenuto ad adottare;
e) promozione dell'istituzione di un responsabile dell'inserimento lavorativo nei luoghi di lavoro, con compiti di predisposizione di progetti personalizzati per le persone con disabilità, in raccordo con l'INAIL, per le persone con disabilità da lavoro;
f) individuazione di buone pratiche di inclusione lavorativa delle persone con disabilità.

- Articolo 2: Modifica dell'articolo 1 della legge 12.03.1998 n. 68 – Collocamento dei disabili;
- Articolo 3: Modifica dell'articolo 3 della legge 12.03.1998 n. 68 – Assunzioni obbligatorie – quote di riserva;
- Articolo 4: Modifica dell'articolo 4 della legge 12.03.1998 n. 68 – Criteri di computo della quota di riserva
- Articolo 5: Modifica dell'articolo 5 della legge 12.03.1998 n. 68 – Esclusioni, esoneri parziali e contributi esonerativi
- Articolo 6: Modifica dell'articolo 7 della legge 12.03.1998 n. 68 – Modalità delle assunzioni obbligatorie
- Articolo 7: Modifica dell'articolo 8 della legge 12.03.1998 n. 68 – Elenchi e graduatorie

- Articolo 8: Modifica dell'articolo 9 della legge 12.03.1998 n. 68 – Richieste di avviamento
- Articolo 9: Modifica dell'articolo 12 bis della legge 12.03.1998 n. 68 – Convenzioni di inserimento lavorativo
- Articolo 10: Modifica dell'articolo 13 della legge 12.03.1998 n. 68 – Incentivi alle assunzioni
- Articolo 11: Modifica dell'articolo 14 della legge 12.03.1998 n. 68 – Fondo regionale per l'occupazione dei disabili
- Articolo 12: Soppressione dell'Albo Nazionale dei centralinisti telefonici privi della vista
- Articolo 13: Modificazioni alla legge 29.03.1985 n. 113.

In via generale, le persone possono iscriversi al collocamento mirato a partire dai 15 anni e fino all'età pensionabile ai sensi dell'articolo 1 del D.P.R. n. 333/2000.

Ai soli fini dell'iscrizione nelle liste del collocamento mirato, le Commissioni delle Asl per l'accertamento dell'invalidità civile quantificano la percentuale di invalidità per il minore di età superiore ai 15 anni.

Il lavoratore che desidera iscriversi nelle liste per il collocamento mirato deve presentarsi presso il Centro Provinciale per l'Impiego, compilare l'apposito modulo prestampato per la richiesta di iscrizione e allegarvi i seguenti documenti:

- certificato che attesti l'invalidità tale da dar diritto ad essere iscritti presso le liste speciali (certificato di invalidità civile con almeno il 45% o certificato di invalidità ai sensi della Legge n. 222/84 con almeno il 34%, ecc...);
- certificato che attesti la "disabilità" emesso dalla competente Commissione medica ai sensi dell'articolo 4 della Legge n. 104/1992 (con diagnosi funzionale e relazione conclusiva);
- documento di riconoscimento e codice fiscale;
- stato di famiglia;
- titolo di studio e competenze professionali.

Per meglio comprendere il contenuto del certificato della Commissione medica precisiamo meglio nel proseguo il concetto di diagnosi funzionale e di relazione conclusiva:

- **Diagnosi funzionale:** è la descrizione analitica della compromissione dello stato psico-fisico e sensoriale della persona con disabilità e viene redatta dalla Commissione Asl volta anche all'accertamento dello stato di handicap ai sensi dell'art. 4 della Legge n. 104/1992.
  Nella relazione della diagnosi funzionale si segue il modello allegato al D.P.C.M. del 13.01.2000 (Atto di indirizzo e coordinamento in materia di collocamento obbligatorio dei disabili, a norma dell'art. 1, comma 4, della Legge 12.03.1999 n. 68).
  La diagnosi funzionale si basa sui dati anamnestico-clinici, sulla documentazione medica preesistente e sul profilo socio-lavorativo della persona con disabilità, per meglio mettere in evidenza le conseguenze derivanti dalle sue minorazioni e/o infermità in relazione al contesto lavorativo.
- **Relazione conclusiva:** una volta definita, attraverso la diagnosi funzionale, la concreta capacità globale (reale e potenziale) del lavoratore con disabilità, la Commissione medica formula la relazione conclusiva, contenente suggerimenti in ordine ad eventuali forme di sostegno e strumenti tecnici necessari per l'inserimento lavorativo del lavoratore con disabilità.

2. Il patto personalizzato di servizio

Ai sensi dell'articolo 20 del Decreto Legislativo n. 150 del 14.09.2015 "Patto di servizio personalizzato" la persona iscritta negli elenchi del collocamento mirato è tenuta alla stipula del Patto di servizio personalizzato.
Il Ministero del Lavoro sottolinea che nell'individuazione del profilo personale di occupabilità, della definizione degli atti di ricerca attiva e delle tempistiche, della frequenza ordinaria di contatti con responsabile, dell'accettazione di congrue offerte di lavoro, si dovrà tener conto di quanto annotato nella scheda del Comitato tecnico, ovvero delle capacità lavorative, delle abilità, delle competenze e delle inclinazioni, nonché della natura e del grado della disabilità. Nel

caso in cui la scheda non fosse disponibile, il Patto potrà essere aggiornato sulla base della stessa.
Il patto di servizio diventa quindi lo strumento per la formalizzazione di un accordo sul progetto personale scelto, sia come sostegno all'inserimento lavorativo o la partecipazione ad un percorso formativo.
Il patto di servizio vincola l'utente ed il Centro per l'Impiego a rispettare una serie di impegni reciproci.
La Circolare del Ministero del Lavoro n. 34 del 23.12.2015 intervenuta per precisare le novità introdotte dal decreto legislativo n. 150/2015 compatibili con la legge n. 68/1999 in materia di collocamento mirato, sottolinea, con riferimento al contenuto del patto di servizio, che nell'individuazione del profilo personale di occupabilità, della definizione degli atti di ricerca attiva e delle tempistiche, dell'accettazione di offerte congrue, si dovrà tener conto di quanto annotato nella scheda dal Comitato tecnico in merito alle capacità lavorative, alle abilità, alle competenze ed alle propensioni ed inclinazioni, nonché alla natura ed al grado di disabilità.

3. Collocamento mirato delle persone sorde

La disabilità legata alla difficoltà o alla mancanza di udito compromette e rende sicuramente molto più difficile rispetto ad altre disabilità la comunicazione e conseguentemente incide in maniera pesante nel percorso di inserimento lavorativo che potrebbe essere agevolato, in primo luogo, con il buon funzionamento dei servizi per l'impiego ed una più adeguata preparazione degli operatori preposti.
Si tratta di disabilità molto grave in quanto colpisce la dimensione relazionale e comunicativa dell'individuo, il suo essere in società.
L'assenza di feedback uditivo nelle persone divenute sorde impedisce, infatti, l'acquisizione del linguaggio parlato in modo naturale, e di conseguenza di quello scritto; l'apprendimento della lingua parlata e scritta può avvenire unicamente attraverso un lungo percorso di riabilitazione logopedica.
La Legge n. 68/1999 ha, a maggior ragione rispetto ad altre disabilità, il compito di favorire l'incontro tra domanda e offerta di lavoro, valutando correttamente le capacità residue e facilitando così la

ricerca del posto di lavoro più adatto arrivando anche ad un avviamento concordato.
Nella ricerca di opportunità lavorative restano comunque essenziali le competenze, le aspettative ed aspirazioni della persona con disabilità affinchè l'inserimento lavorativo possa avvenire per le capacità professionali e non in base ad una specifica caratteristica fisica.
Prima di approfondire le modalità del collocamento mirato delle persone sorde è necessario verificare i requisiti sanitari affinché il soggetto rientri in tale definizione.
Si considera persona sorda *"il minorato sensoriale dell'udito affetto da sordità congenita o acquisita durante l'età evolutiva che gli abbia compromesso il normale apprendimento del linguaggio parlato, purché la sordità non sia di natura esclusivamente psichica o dipendente da causa di guerra, di lavoro o di servizio"*.
L'articolo 1 comma 2 della Legge n. 68/1999 si occupa oltre che di definire le persone non vedenti, per la cui analisi rinviamo al successivo paragrafo, di definire anche le persone sordomute, precisando che *"si intendono per sordomuti coloro che sono colpiti da sordità dalla nascita o prima dell'apprendimento della lingua parlata"*.
Il requisito sanitario per appartenere alla categoria di sordi civili è che la soglia uditiva deve corrispondere ad una ipoacusia pari o superiore a 75 dB HTL di media tra le frequenze 500, 1000, 2000 Hz nell'orecchio migliore.
Se le minorazioni dell'apparato uditivo è di grado inferiore a quello previsto per lo status di sordo o non è dimostrabile l'età d'insorgenza dell'ipoacusia, viene effettuata una valutazione come invalido civile.
L'accertamento dello status di sordo è di competenza dell'Asl.
Oltre alle normative di riferimento già fin qui viste, con specifico riferimento al collocamento obbligatorio delle persone sorde rilevano le seguenti disposizioni:

- **Legge n. 308 del 13.03.1958** avente per oggetto "Norme per l'assunzione obbligatoria al lavoro dei sordi" – pubblicata in Gazzetta Ufficiale Serie Generale n. 91 del 15.04.1958;
- **Legge n. 381 del 26.05.1970** avente per oggetto "Aumento del contributo ordinario dello Stato a favore dell'Ente nazionale per la protezione e l'assistenza ai sordomuti e delle

misure dell'assegno di assistenza ai sordomuti" – pubblicata in Gazzetta Ufficiale Serie Generale n. 156 del 23.06.1970;

- **Legge n. 95 del 20.02.2006** avente per oggetto "Nuova disciplina in favore dei minorati auditivi" – pubblicata in Gazzetta Ufficiale Serie Generale n. 63 del 16.03.2006.

Al fine di garantire un completo inserimento nel mondo del lavoro delle persone sorde sono stati promossi molti interventi normativi finalizzati alla promozione ed al riconoscimento della lingua dei segni come strumento indispensabile di comunicazione che consente quindi l'integrazione sociale e l'inserimento nel mondo del lavoro delle persone affette da questa disabilità.

In particolare, nell'ottobre del 2017 il Senato ha approvato il **Disegno di Legge n. 302** avente per oggetto "Legge quadro sui diritti di cittadinanza delle persone sorde, con disabilità uditiva in genere e sordocieche" – su proposta del senatore De Poli; il Disegno di Legge non ha ancora ultimato il proprio iter giacendo alla Camera per la sua approvazione definitiva.

Il testo è composto da 14 articoli che, come sottolineato dall'Ens (Ente Nazionale Sordi), "*...riconoscono e tutelano i diritti delle persone sorde e la libertà di scelta sulle modalità di comunicazione e i percorsi formativi; promuovono l'inclusione scolastica e lavorativa delle persone sorde; la prevenzione, l'identificazione precoce, la cura della sordità e della sordocecità; i servizi di interpretariato della lingua dei segni; favoriscono l'accesso all'informazione, agli spazi pubblici e privati, ai rapporti con la pubblica amministrazione, al patrimonio storico, artistico, culturale; istituiscono l'osservatorio nazionale sulla condizione delle persone con disabilità; prevedono il monitoraggio sull'attuazione della legge e la clausola di invarianza finanziaria*".

L'articolo 7 del Disegno di Legge n. 302 intende assicurare l'inclusione lavorativa e la formazione permanente, "*... mediante l'utilizzo di tutti gli strumenti e ausili possibili, nonché delle nuove tecnologie, tra cui applicazioni, chat, e-mail, videoconferenza, atti a realizzare la piena inclusione sociale delle persone sorde, sordo-cieche e con disabilità uditiva in genere sui luoghi di lavoro*".

Tra gli altri interventi normativi importanti in materia di inserimento lavorativo delle persone affette da sordità o da sordo-cecità, è

d'obbligo citare il Decreto Legislativo n. 75 del 25.05.2017 avente per oggetto "Modifiche e integrazioni al decreto legislativo 30 marzo 2001, n. 165, ai sensi degli articoli 16, commi 1, lettera a), e 2, lettere b), c), d) e e) e 17, comma 1, lettere a), c), e), f) g), h), l), m), n), o), q), r), s) e z) della legge 7 agosto 2015, n. 124, in materia di riorganizzazione delle amministrazioni pubbliche" – pubblicato in Gazzetta Ufficiale n. 130 del 07.06.2017.
In risposta alle previsioni contenute all'articolo 10 del **Decreto Legislativo n. 25 del 25.05.2017,** presso il Dipartimento della Funzione Pubblica della Presidenza del Consiglio dei Ministri, è stata costituita con Decreto Ministeriale la Consulta Nazionale per l'integrazione in ambiente di lavoro delle persone con disabilità.
Ai lavori della Consulta, che ha il compito di verificare la corretta applicazione delle norme in materia di inserimento lavorativo delle persone con disabilità elaborando e proponendo piani, programmi e linee di indirizzo per l'aumento dell'occupazione e la valorizzazione dei lavoratori con disabilità, parteciperanno i rappresentanti dei Dipartimenti della Funzione Pubblica e delle Pari Opportunità, dei Ministeri del Lavoro e delle Pari Opportunità, dei Ministeri del Lavoro e delle Politiche Sociali e della Salute, dell'Inail, dell'Anpal, dell'Anci, delle Regioni, delle Organizzazioni sindacali e delle Federazioni delle Associazioni dei Disabili (FAND e FISH).
In particolare, la Consulta svolge le seguenti funzioni:

> *a) elabora piani, programmi e linee di indirizzo per ottemperare agli obblighi di cui alla legge 12 marzo 1999, n. 68;*
> *b) effettua il monitoraggio sul rispetto degli obblighi di comunicazione di cui all'articolo 39-quater;*
> *c) propone alle amministrazioni pubbliche iniziative e misure innovative finalizzate al miglioramento dei livelli di occupazione e alla valorizzazione delle capacità e delle competenze dei lavoratori disabili nelle pubbliche amministrazioni;*
> *d) prevede interventi straordinari per l'adozione degli accomodamenti ragionevoli nei luoghi di lavoro previsti dall'articolo 3, comma 3 bis, del decreto legislativo 9 luglio 2003, n. 216;*

e) *verifica lo stato di attuazione e la corretta applicazione delle disposizioni in materia delle disposizioni in materia di tutela e sostegno della disabilità da parte delle amministrazioni, con particolare riferimento alle forme di agevolazione previste dalla legge e alla complessiva disciplina delle quote di riserva.*

4. Collocamento mirato centralinisti telefonici non vedenti

I lavoratori non vedenti sono definiti dalle seguenti normative:

- **Legge n. 113 del 29.03.1985** – articolo 1 comma 2 avente per oggetto "Aggiornamento della disciplina del collocamento al lavoro e del rapporto di lavoro dei centralinisti non vedenti" – pubblicata nella Gazzetta Ufficiale n. 82 del 05.04.1985.

  In particolare, l'articolo 1, comma 2, definisce i non vedenti o soggetti privi della vista come *"coloro che sono colpiti da cecità assoluta ovvero hanno un residuo visivo non superiore a un decimo in entrambi gli occhi, anche con correzioni di lenti".*

- **Legge n. 120 del 28.03.1991** – articolo 2, avente per oggetto "Norme in favore dei privi di vista per l'ammissione ai concorsi nonché alla carriera direttiva nella pubblica amministrazione e negli enti pubblici, per il pensionamento, per l'assegnazione di sede e la mobilità del personale direttivo e docente della scuola" – pubblicata in Gazzetta Ufficiale n. 85 del 11.04.1991.

  L'articolo 2 definisce "le attività lavorative dei privi di vista" come particolarmente usuranti.

- **Legge n. 68 del 12.03.1999**, articolo 1 comma 2, avente per oggetto "Norme per il diritto al lavoro dei disabili" –

pubblicata in Gazzetta Ufficiale n. 68 del 23.03.1999 – Supplemento Ordinario n. 57, laddove all'articolo 1 comma 2 prevede che "Agli effetti della presente legge si intendono per non vedenti coloro che sono colpiti da cecità assoluta o hanno un residuo visivo non superiore ad un decimo ad entrambi gli occhi, con eventuale correzione...".

La legge n. 113 del 29.03.1985 deve leggersi in concerto con la **Circolare della Presidenza del Consiglio dei Ministri n. 2176 del 18.09.1985** recante "Attuazione della legge 29 marzo 1985 n. 113, concernente "Aggiornamento della disciplina del collocamento al lavoro e del rapporto di lavoro dei centralinisti non vedenti" – pubblicata in Gazzetta Ufficiale n. 235 del 05.10.1985.
Ai fini del collocamento obbligatorio dei disabili ipovedenti e quindi degli obblighi del datore di lavoro ai fini dell'assunzione bisogna fare soprattutto riferimento al contenuto dell'articolo 3 della Legge n. 113/1985.

In particolare, prevede che:

1. I centralini telefonici in relazione ai quali si applicano le disposizioni della presente legge sono quelli per i quali le norme tecniche prevedano l'impiego di uno o più posti-operatore o che comunque siano dotati di uno o più posti-operatore;
2. Anche in deroga a disposizioni che limitino le assunzioni, i datori di lavoro pubblici sono tenuti ad assumere, per ogni ufficio, sede o stabilimento dotati di centralino telefonico, un privo della vista iscritto;
3. I datori di lavoro privati sono tenuti ad assumere, per ogni centralino telefonico con almeno cinque linee urbane, un privo della vista iscritto;
4. Qualora il centralino telefonico, in funzione presso datori di lavoro pubblici o privati, abbia più di un posto di lavoro, il 51 per cento dei posti è riservato ai centralinisti telefonici privi della vista;
5. Con provvedimenti del Presidente del Consiglio dei Ministri vengono individuati i servizi dei datori di lavoro pubblici ai

cui centralini telefonici i privi della vista non possono essere adibiti ovvero possono esserlo in misura inferiore a quella indicata nel comma precedente;

6. In attesa dell'individuazione dei servizi di cui al precedente comma, gli obblighi della presente legge, non si applicano a:
   a) Le centrali ed i centralini dell'Azienda telefonica di Stato destinati alla esclusiva ed indiscriminata fornitura al pubblico di un servizio telefonico immediato, continuativo ed incondizionato;
   b) I centralini destinati ai servizi di polizia, della protezione civile e della difesa nazionale.
7. L'esclusione di cui al precedente comma si applica, con gli stessi limiti stabiliti per l'Azienda Telefonica di Stato, anche alle società private concessionarie dei servizi telefonici;
8. I datori di lavoro pubblici e privati che, in base agli obblighi previsti dalla presente legge, sono tenuti ad assumere un numero di centralinisti non vedenti superiore rispetto a quello previsto dalla legislazione precedente, hanno facoltà di ottemperare ai maggiori obblighi entro un anno dalla data di entrata in vigore della presente legge.

Si precisa inoltre che in caso di violazione delle norme che disciplinano l'obbligo da parte dei datori di lavoro di assumere personale non vedente sono applicabili sanzioni amministrative, così come aggiornate dai **Decreti del Ministero del Lavoro e delle Politiche Sociali n. 181 del 24.07.2012 e n. 93 del 03.09.2012**

5. Collocamento mirato disabili psichici ed intellettivi

Ai fini della corretta definizione e distinzione della disabilità psichica ed intellettiva ricorriamo al contenuto del **Messaggio Inps n. 23991 del 30.10.2008.**

Definiamo innanzitutto il concetto di intelletto o di psiche:

- **intelletto:** capacità di intendere, di apprendere, memorizzare, ragionare, prevedere e giudicare. Attiene quindi alla sfera e funzione cognitiva. Può essere condizionata dal livello culturale e di intelligenza. Si misura attraverso il quoziente verbale, di prestazione anche motoria, di intelligenza;

- **psiche:** insieme di processi e delle funzioni della mente, sensoriali, affettive, volitive, ecc... che non fanno parte della dimensione corporea e materiale dell'uomo mediante cui l'individuo ha esperienza di sé e della realtà. Attiene quindi ad una categoria più ampia dove si interconnettono varie capacità che possono influenzare il comportamento, il temperamento e l'umore delle persone.

Il collocamento delle persone con disabilità psichiche o intellettive può avvenire mediante il cosiddetto "Support Employment".
Il Support Employment è un modello di intervento per l'inserimento lavorativo dei disabili psichici ed intellettivi.
La caratteristica di questo modello di intervento è quella di essere un approccio mediato dal supporto di un job coach, che puntando ad un inserimento lavorativo nel "mercato ordinario", offre un accompagnamento graduale, temporaneo (per periodi più o meno lunghi), consentendo così al disabile di vivere esperienze di lavoro "protetto".
Per i disabili psichici, così come per gli altri disabili, il lavoro rappresenta una cura; consente il raggiungimento di una autonomia economica, favorisce nuove relazioni sociali, fa uscire in qualche modo il soggetto allo scoperto, limitando le occasioni di isolamento e di solitudine, favorisce l'autostima, migliora la condizione generale di salute.
Il lavoro può aiutare i disabili psichici e intellettivi a migliorare la propria condizione di disagio e sofferenza mentale consolidando la propria identità sociale, sviluppando l'autostima e l'autonomia.
L'inserimento nel mondo lavorativo del disabile psichico ed intellettivo non è una cosa facile, rappresenta sicuramente una sfida che richiede ampia maturità e consapevolezza anche da parte di chi "accoglie" questi soggetti nelle proprie aziende.
Esiste infatti, ancora oggi, molta reticenza e diffidenza sia da parte dei datori di lavoro che da parte dei colleghi.
Molte sono ancora oggi le barriere da superare e da eliminare.

Proprio per superare queste barriere l'ASVAPP (Associazione per lo Sviluppo della Valutazione e l'Analisi delle Politiche Pubbliche) ha condotto una serie di studi del Support Employment.
Il primo studio è stato svolto nell'ambito del Progetto Lavoro & Psiche, condotto in Lombardia, dal 2009 al 2012, e basato su un esperimento randomizzato controllato che ha conseguito risultati parzialmente positivi sull'efficacia del Supporto Employment per favorire l'occupazione dei disabili psichici.
Il secondo studio è stato realizzato in Piemonte nell'ambito del progetto "Tsunami" che meglio analizza i risultati e le criticità della prima esperienza.
È bene tenere a mente che il disabile psichico o intellettivo porta con sé una serie di difficoltà che ne limitano la capacità di svolgere specifiche mansioni: concentrarsi, mantenere l'attenzione per periodi prolungati, apprendere e memorizzare le informazioni e le disposizioni impartite, reagire tempestivamente agli stimoli che provengono dall'esterno, pianificare l'attività, individuare soluzioni, anche su aspetti che riguardano la quotidianità.
Da qui la preferenza per i datori di lavoro ad assumere persone con disabilità di natura fisica in luogo di un disabile psichico.
Stante la difficoltà di inserimento del disabile psichico ed intellettivo nel mondo del lavoro si tende a preferire l'offerta del "lavoro protetto" prevedendo un accompagnamento, una preparazione e formazione anche prolungata, il loro inserimento in ambienti appositamente predisposti, con un impegno lavorativo contenuto e di intensità graduale e crescente con un supporto costante anche da parte degli assistenti sociali.
Dopo questo primo periodo e dopo comunque un'analisi dei feedback da parte del lavoratore, dell'azienda ospitante ed anche dei colleghi, si può pensare di avviare eventualmente l'inserimento del lavoratore disabile nel cosiddetto "lavoro competitivo" ovvero il mercato del lavoro ordinario.
È in ogni caso importante che nella fase di "inserimento al lavoro protetto" si punti comunque alla sua evoluzione, rafforzando per esempio l'autostima e la consapevolezza del lavoratore, nel lavoro competitivo.
Se ciò non fosse non solo non si raggiungerebbe il risultato prefissato ma si otterrebbe l'effetto contrario di esclusione dal mercato del

lavoro ordinario, rilegando il disabile psichico ed intellettivo, ad un segmento isolato.
Il supporto che nella fase del "lavoro protetto" deve essere fornito dal job coach deve essere quello di:

- inserire la persona in un'esperienza di lavoro ordinario in linea con le capacità e le inclinazioni del lavoratore;
- fornire, in accordo con il datore di lavoro, il supporto necessario all'adattamento;
- gestire le eventuali criticità del periodo iniziale;
- valutare il ricorso a brevi tirocini.

Il job coach, appositamente formato dovrà anche:

- definire un progetto di inserimento lavorativo individuale;
- attivarsi per la ricerca di opportunità di lavoro idonee;
- offrire il sostegno al lavoratore;
- supportare lavoratore, datore di lavoro e colleghi durante l'esperienza lavorativa;
- gestire gli eventuali momenti critici, se necessario anche con il supporto del medico curante di riferimento.

Da un punto di vista normativo ai fini dell'inserimento lavorativo dei disabili psichici e intellettivi dobbiamo fare riferimento all'articolo 9 della Legge n. 68/1999 laddove al comma 4 prevede che:

> "I disabili psichici vengono avviati su richiesta nominativa mediante le convenzioni di cui all'articolo 11. I datori di lavoro che effettuano le assunzioni ai sensi del presente comma hanno diritto alle agevolazioni di cui all'articolo 13".

L'articolo 11 è dedicato alle convenzioni e convenzioni di integrazione lavorativa per il cui approfondimento rinviamo all'apposito Capitolo; l'articolo 13 è invece dedicato agli incentivi alle assunzioni.

L'articolo 13 al comma 1 bis prevede:

> "L'incentivo di cui al comma 1 è altresì concesso, nella misura del 70 per cento della retribuzione mensile lorda imponibile ai fini previdenziali, per ogni lavoratore con disabilità intellettiva e psichica che comporti una riduzione della capacità lavorativa superiore al 45 per cento, per un periodo di 60 mesi, in caso di assunzione a tempo indeterminato o di assunzione a tempo determinato di durata non superiore a dodici mesi e per tutta la durata del contratto".

Il successivo comma 1 ter prevede che:

> "L'incentivo di cui ai commi 1 e 1 bis è corrisposto al datore di lavoro mediante conguaglio nelle denunce contributive mensili. La domanda per la fruizione dell'incentivo è trasmessa, attraverso apposita procedura telematica, all'INPS, che provvede entro cinque giorni, a fornire una specifica comunicazione telematica in ordine alla sussistenza di una effettiva disponibilità di risorse per l'accesso all'incentivo. A seguito della comunicazione, in favore del richiedente opera una riserva di somme pari all'ammontare previsto dell'incentivo spettante e al richiedente è assegnato un termine perentorio di sette giorni per provvedere alla stipula del contratto di lavoro che dà titolo all'incentivo. Entro il termine perentorio dei successivi sette giorni lavorativi, il richiedente ha l'onere di comunicare all'INPS, attraverso l'utilizzo della predetta procedura telematica, l'avvenuta stipula del contratto che dà titolo all'incentivo. In caso di mancato rispetto dei termini perentori di cui al terzo e quarto periodo, il richiedente decade dalla riserva di somme operate in suo favore, che vengono conseguentemente rimesse a disposizione di ulteriori potenziali beneficiari. L'incentivo di cui al presente articolo è riconosciuto dall'INPS in base all'ordine cronologico di presentazione delle domande cui abbia fatto seguito l'effettiva stipula del contratto che dà titolo all'incentivo e, in caso di insufficienza delle risorse a disposizione determinate ai sensi del decreto di cui al comma

5, valutata anche su base pluriennale con riferimento alla durata dell'incentivo, l'INPS non prende in considerazioni ulteriori domande fornendo immediata comunicazione anche attraverso il proprio sito internet istituzionali. L'INPS provvede al monitoraggio delle minori entrate con riferimento alla durata dell'incentivo, inviando relazioni trimestrali al Ministero del Lavoro e delle politiche sociali e al Ministero dell'Economia e delle Finanze. L'INPS provvede all'attuazione del presente comma con le risorse umane, strumentali e finanziarie già disponibili a legislazione vigente".

Ancora, l'articolo 19 della Legge 104/1992 prevede che "*ai fini dell'avviamento al lavoro, la valutazione della persona handicappata tiene conto della capacità lavorativa e relazionale dell'individuo e non solo della minorazione fisica o psichica. La capacità lavorativa è accertata dalle commissioni di cui all'articolo 4 della presente legge, integrata ai sensi dello stesso articolo da uno specialista nelle discipline neurologiche, psichiatriche o psicologiche*".

CAPITOLO IV

I FATTORI CHE CONDIZIONANO L'INSERIMENTO LAVORATIVO DEI DISABILI

SOMMARIO — 1. I fattori dalla parte del lavoratore disabile — 2. I fattori dalla parte del datore di lavoro – 3. Criticità e punti di forza – 4. Disability Management

1. I fattori dalla parte del lavoratore disabile

Il lavoro è importante per tutti, consente l'autonomia e l'indipendenza economica, la realizzazione delle proprie aspirazioni, la crescita personale e di relazione, contribuisce ad aumentare l'autostima in relazione ai risultati raggiunti, crea occasioni di confronto e di dialogo. Tutto ciò è ancor più importante con riferimento ai soggetti "diversamente abili" che tradizionalmente subiscono troppo spesso ed ingiustificatamente discriminazione sociale.
Oltre a ciò l'inserimento delle persone disabili nel mondo del lavoro e quindi nel contesto produttivo limita l'accesso alle risorse pubbliche in materia di assistenza.
Il disabile può quindi, seppure nella consapevolezza delle proprie difficoltà, essere ancor più stimolato ad inserirsi in un contesto lavorativo che potrebbe consentirgli di uscire da situazioni di emarginazione.
Sia il disabile che le aziende ospitanti una persona disabile nell'ambito del proprio processo produttivo ma anche gli stessi colleghi, dovranno quindi aver ben chiaro che esistono dei fattori, in parte positivi ed in parte negativi, che possono influenzare l'attività lavorativa.
Ci piace essere ottimisti e quindi, con particolare riferimento ai **fattori positivi** che influenzano l'attività lavorativa del disabile, evidenziamo:

- disponibilità del datore di lavoro ad effettuare cambiamenti;
- collaborazione da parte dei colleghi;

- sostegno alla famiglia;
- agevolazioni sul posto di lavoro;
- flessibilità dell'orario di lavoro;
- flessibilità nei contratti di lavoro, privilegiando per esempio il contratto part-time;
- possibilità di accedere a corsi di aggiornamento professionale, di qualificazione o di riqualificazione;
- abbattimento delle barriere architettoniche;
- adattamento del luogo di lavoro;
- possibilità di usufruire di mezzi di trasporto, anche pubblici;
- possibilità di utilizzare ausili.

Consapevolmente prendiamo però anche in considerazione quelli che possono essere **fattori che influenzano negativamente** l'attività lavorativa delle persone affette da disabilità, ovvero, a titolo di esempio:

- affaticamento;
- difficoltà di raggiungere il luogo di lavoro in mancanza di mezzi personali idonei o di servizi pubblici adatti;
- difficoltà di movimento;
- disturbi visivi;
- disturbi urinari;
- difficoltà di spostamento logistico all'interno della stessa struttura di lavoro;
- mancata informazione sui diritti del lavoratore disabile;
- mancata informazione sulla normativa in materia di disabilità e lavoro da parte dei datori di lavoro e delle aziende (sgravi fiscali, sovvenzioni per l'adattamento dei luoghi di lavoro, possibilità di permessi retribuiti, ecc...);
- scarsa conoscenza sui corsi di orientamento o di formazione;
- scarse o inadeguate informazioni sulle caratteristiche delle patologie e sui sintomi ad essa correlati.

2. I fattori dalla parte del datore di lavoro

Vi sono fattori che riguardano strettamente il datore di lavoro e che a nostro avviso possono così essere riassunti:

- abbattimento delle barriere architettoniche;
- adattamento della postazione di lavoro;
- formazione ed informazione dei colleghi che si apprestano ad accogliere ed "accompagnare" il collega disabile;
- contratti ed orari flessibili;
- agevolazioni fiscali e previdenziali;
- coinvolgimento del disability manager;
- attenzione e cura ai fini della sicurezza dei luoghi di lavoro e durante il lavoro;
- accessibilità grazie all'innovazione tecnologica;
- inserimento graduale e protetto del lavoratore disabile;
- percorsi di inserimento, di tirocinio guidati.

3. Criticità e punti di forza

Nell'ambito dell'inserimento lavorativo di soggetti affetti da disabilità possiamo riscontrare elementi di criticità e punti di forza.

- **Criticità:**

Spesso i lavoratori disabili sono considerati dal datore di lavoro e dai colleghi meno produttivi, meno affidabili, più lenti.
Tali considerazioni possono essere smussate con l'impegno delle parti in gioco attraverso un migliore coordinamento delle risorse ed un maggior dialogo tra i colleghi ed i responsabili di reparto o il datore di lavoro.
Se da un lato quindi grazie alla buona volontà di tutti, all'attuazione delle cosiddette "Buone pratiche" si deve incentivare l'inclusione, dall'altra è necessario sicuramente superare alcuni pregiudizi che non

consentono un pieno e collaborativo inserimento nel tessuto produttivo dei lavoratori disabili.
Tali pregiudizi non sono da imputare esclusivamente e sempre in capo all'azienda o ai colleghi in quanto a volte alcuni preconcetti o "chiusure forme mentis" sono a carico degli stessi lavoratori disabili.
È necessario formare una nuova cultura delle abilità residue e superare i pregiudizi organizzativi.
Spesso infatti i lavoratori disabili non cercano forme di supporto nel proprio datore di lavoro o nei propri colleghi convinti che se lo facessero apparirebbero maggiormente fragili, vulnerabili e quindi discriminabili.

- **Punti di forza:**

Sono sicuramente punti di forza la creatività, l'impegno, l'attenzione all'attività commissionata da parte dei dipendenti affetti da disabilità.
Questi soggetti trovano in sé una forte motivazione, il lavoro, l'accettazione dei propri colleghi, la responsabilità che viene affidata loro, sono tutti elementi che consentono una crescita individuale ed una integrazione sociale.
Così facendo i lavoratori disabili si sentono e diventano parte di un processo produttivo che poi sarà proposto all'esterno, alla collettività; consente loro di allargare i propri confini, le proprie aspirazioni, affermarsi come individuo che vale nel contesto sociale.
La diversità diventa quindi punto da valorizzare al fine di incrementare la produttività.
In questo sicuramente vengono in aiuto le nuove tecnologie che consentono ai lavoratori disabili di superare difficoltà ed ostacoli prima insperati e che impone anche di pensare ad un nuovo modo di lavorare, ottimizzando risorse, energie, luoghi, strutture e tecnologie.
In alcuni settori l'introduzione in azienda di soggetti affetti da disabilità è divenuta nel tempo punto centrale perché fonte primaria e referenziata di necessità e bisogni che l'azienda stessa, attraverso lo studio delle difficoltà da affrontare e da superare, poteva soddisfare.
Chi meglio di un disabile può descrivere di che cosa ha bisogno? E se questi soggetti sono parte attiva di un processo produttivo chi meglio di loro può rilevare le criticità o i punti di forza di un **prodotto?**

In quest'ottica diventano importanti anche nuove figure professionali come il Disability Manager e l'Ergonomo.

4. Disability Management

Si tratta di un processo attivo di minimizzazione dell'impatto di una invalidità (sia essa derivante da menomazione, malattia, disabilità o infortunio), sulla capacità dell'individuo di partecipare in modo competitivo all'ambiente di lavoro.

Si svolge in tre fasi:

1. la prevenzione di malattie, infortuni, disabilità;
2. l'accomodamento ragionevole per i lavoratori con disabilità;
3. la gestione del ritorno al lavoro delle persone con disabilità acquisite

I vantaggi dell'applicazione di questo processo attivo sono:

- riduzione dei costi e aumento della produttività;
- conformità alla legge;
- vantaggio competitivo;
- efficienza amministrativa.

Si tratta di un profilo previsto dalla Legge; inquadrabile come tecnico dell'organizzazione e della gestione dei fattori produttivi e darà appoggio al comparto risorse umane.
Interagisce con l'ergonomo dell'inclusione.
Si pone l'obiettivo di conciliare il diritto all'inclusione delle persone disabili e dei malati cronici con le esigenze di efficienza delle imprese.
Come indicato anche nello Studio "Disability Management at the Workplace overview and Future Trend", in Encyclopedia of Occupational Health and Safety International Labor Organization, Geneva, 2011 *"Il fine del Disability Management è infatti, quello di offrire supporto al dipendente affetto da malattia cronica o disabilità per ottimizzare le prestazioni professionali, limitando gli effetti negativi sulla perfomance della malattia, attraverso un approccio*

globale, coerente e progressivo posto in essere dall'azienda. La capacità dell'impressa di partecipare attivamente ed efficacemente alla realizzazione di questo sistema di relazioni contribuisce al controllo dei costi, nonché al sostegno dell'occupazione e della produttività".

La figura del "disability manager" è già operativa in Italia anche se poco conosciuta ed inserita in particolar modo nella Pubblica Amministrazione.

Si trova definita per la prima volta nel "**Libro Bianco su accessibilità e mobilità urbana**", frutto del lavoro del tavolo tecnico istituito tra il Comune di Parma e il Ministero del Lavoro, della Salute e delle Politiche Sociali nel 2009.

Il disability manager svolge il ruolo del facilitatore creativo con il compito di costruire soluzioni che sostengano l'autonomia della persona con disabilità nelle diverse sfere della vita quotidiana. Il suo obiettivo è quello di favorire, oltre l'accessibilità urbanistica, il coordinamento sociosanitario, l'inclusione scolastica, **ma soprattutto l'inclusione lavorativa.**

Coordina e gestisce diverse figure professionali quali ad esempio: architetti, medici, informatici, consulenti del lavoro, specialisti HR, recruiter, agenzie per il lavoro.

Le agenzie per il lavoro hanno il vantaggio di poter lavorare a stretto contatto con le realtà aziendali, che rappresentano la domanda di personale, e attraverso la pluralità dei servizi offerti possono costruire soluzioni dedicate di disability management.

Inoltre, le agenzie del lavoro, rappresentano l'unico settore che ha accesso ai fondi di formazione di categoria, Formatemp, con la linea formativa dedicata esclusivamente all'inserimento delle persone con disabilità.

Il ruolo del Disability Manager può essere assunto anche da un dipendente interno oppure da un consulente esterno; deve ricoprire un ruolo all'interno dell'azienda tale da consentirgli di incidere significativamente nelle strategie, nelle scelte e nelle politiche aziendali, soprattutto con riferimento alla gestione delle risorse umane; tutto ciò compatibilmente con la struttura dimensionale dell'azienda.

Al momento attuale non vi è una normativa precisa che definisca ruoli, mansioni, competenze della figura del Disability Manager; fino

a quel momento pertanto rivestiranno particolare importanza le indicazioni del presidente di SIDIMa (Società Italiana Disability Manager), ovvero della prima ed unica associazione di categoria in Italia.
Il Disability Manager rientra tra le figure tecniche dell'organizzazione e della gestione dei fattori produttivi e darà appoggio al comparto delle risorse umane.
Le indicazioni offerte attualmente sulla figura del Disability Manager possono essere così riassunte:
"Il Disability Manager è una competenza aggiunta ad una professionalità di base già consolidata che può spaziare dai campi dell'ingegneria e dell'architettura alla fisioterapia, alla giurisprudenza, e non ultimo il settore delle HR, parlando sia di consulenza che di HR Manager. Attraverso poi un percorso formativo dedicato di perfezionamento o un master, il professionista assume tali nuove competenze che gli consentono di svolgere questo innovativo ruolo. Il Disability Manager deve avere conoscenze di normativa sul lavoro in ambito di valutazione della disabilità, di bioetica, di accessibilità di inserimento nel mondo del lavoro e della formazione, di definizione dei piani di Disability Management e una sensibilità su una serie di temi relativi al terzo settore e all'inclusione sociale".
Il Disability manager deve quindi definire, coordinare e gestire diverse figure professionali, con l'obiettivo di soddisfare i bisogni delle persone con disabilità e contemporaneamente di valorizzarle, apportando vantaggi e opportunità all'intera azienda e non alla sola persona con disabilità.
Anche all'estero il Disability Management trova ampio spazio nel settore pubblico.
A questo proposito è interessante il caso del governo dello Yukon, dove questo metodo è implementato per prevenire e gestire l'assenza sul posto di lavoro a causa di malattia o di infortunio, con strumenti quali il congedo per malattia, ma anche la pianificazione di benefici e adeguamenti delle mansioni professionali al momento del ritorno al lavoro.
Per concludere gli interventi di Disability Management rappresentano per le imprese l'opportunità di controllare la propria competitività ed i costi economici e sociali in rapporto a variabili che già oggi incidono nella produttività (come le disabilità, le malattie croniche, ma anche

l'invecchiamento della forza lavoro), ma che in futuro la condizioneranno ancora di più.
Gli stessi interventi però permettono alle imprese di rendersi parte attiva e responsabile nella creazione di un sistema di protezione del lavoratore maggiormente personalizzato e, quindi, più efficace, con risvolti positivi per l'intera collettività e società.

CAPITOLO V

AGEVOLAZIONI PER IL COLLOCAMENTO MIRATO

SOMMARIO — 1. Le agevolazioni per il lavoratore disabile — 2. Le agevolazioni per il datore di lavoro – 3. Il Fondo per il diritto al lavoro dei disabili.

1. Le agevolazioni per il lavoratore disabile

La Legge n. 104/1992 all'articolo 33 disciplina le agevolazioni in capo ai familiari che assistono un familiare in situazione di disabilità ed in capo al lavoratore disabile stesso.
In particolare, il lavoratore disabile, sia del comparto pubblico che del comparto privato, qualora versi in situazione di gravità come definito all'articolo 3 comma 3, prevede importanti agevolazioni.
In particolare, l'articolo 33 al comma 6 prevede che:

> *"la persona handicappata maggiorenne in situazione di gravità può usufruire dei permessi di cui ai commi 2 e 3, ha diritto a scegliere, ove possibile, la sede di lavoro più vicina al proprio domicilio e non può essere trasferita in altra sede, senza il suo consenso".*

Le agevolazioni quindi consistono nella possibilità di:

- beneficiare di permessi retribuiti;
- scegliere, ove possibile, la sede di lavoro;
- rifiutare il trasferimento in altra sede.

Vediamo quindi nel dettaglio:

Permessi retribuiti: il lavoratore disabile può contare su tre giorni di riposo al mese, anche frazionabili in ore o, in alternativa in riposi giornalieri di una o due ore.
In relazione alla frazionabilità dei permessi l'Inps è più volte intervenuto a fugare i dubbi in particolare con proprio **messaggio n.**

15995 del 18.06.2007 e con successivo **messaggio n. 16866 del 28.06.2007.**
In particolare, l'Inps precisa che il massimale di ore di permesso fruibili, ammontante a 18 ore è da riferirsi ad un rapporto di lavoro normale di 36 ore settimanali articolato su 6 giorni lavorativi, pertanto in situazioni di orario inferiore o superiore rispetto alle 36 ore, la soglia massima di ore di permessi fruibili dovrà essere adeguatamente proporzionata.
I permessi retribuiti hanno la primaria finalità di consentire al lavoratore disabile di subire in misura ridotta l'impegno richiesto dal lavoro, nonché di programmare le attività di terapia, assistenza medica, potenziamento, ecc... che la disabilità richiede.
Scelta sede di lavoro: il lavoratore disabile ha diritto di scegliere, la sede di lavoro più vicina al proprio domicilio. Tale diritto può essendo applicabile anche nel comparto privato laddove l'azienda abbia più sedi o unità lavorative e sicuramente più accessibile nel caso di assunzione nel comparto pubblico. Tale diritto in tale circostanza vale solo nell'ambito della medesima amministrazione o ente di appartenenza. In assenza di tale condizione potrà eventualmente essere evocata la mobilità nella pubblica amministrazione.
Sempre nell'ambito della pubblica amministrazione o anche nel comparto privato per aziende che hanno più sedi o più unità produttive il lavoratore disabile può chiedere il trasferimento ad una sede più vicina al proprio domicilio solo se esiste un posto vacante nella sede di destinazione.
Con riferimento sempre al comparto della Pubblica Amministrazione l'articolo 21 della Legge n. 104/1992 prevede che la persona disabile con grado di invalidità superiore ai due terzi o con minorazioni iscritte alle categorie prima, seconda e terza, della Tabella "A" allegata alla Legge n. 648 del 10.08.1950, assunta presso gli Enti pubblici come vincitrice di concorso o ad altro titolo abbia diritto di:

- scegliere prioritariamente tra le sedi disponibili;
- beneficiare della precedenza in sede di trasferimento su propria istanza.

In relazione al diritto di scegliere la sede di lavoro, il Ministero del Lavoro e della Previdenza Sociale con propria **Circolare n. 28 del**

15.03.1993, avente per oggetto "Disposizioni amministrative – Rapporto di lavoro – Permessi" ha precisato che la locuzione "ove possibile" è da intendersi nel senso che il datore di lavoro può frapporre un rifiuto solo per motivate esigenze di organizzazione aziendale.

Rifiuto al trasferimento: qualora il trasferimento comporti per il lavoratore disabile difficoltà logistiche, per esempio per la difficoltà di essere raggiunto con mezzi propri (se la disabilità consente comunque la guida autonoma) o con mezzi messi a disposizione dei servizi territoriali, il lavoratore disabile può rifiutare il trasferimento ad altra sede senza che ciò comporti causa di licenziamento.

Le agevolazioni di cui agli ultimi punti 2 sono essenzialmente finalizzate a ridurre i disagi della lontananza tra domicilio e sede di lavoro.

Il diritto di non essere trasferito senza esplicito consenso ad altra sede costituisce un diritto incondizionato, nel senso che non è soggetto a verifica di compatibilità con le esigenze organizzative e produttive dell'impresa.

Ape (Anticipo Pensionistico): Si tratta di istituti introdotti con la **Legge di Bilancio 2017 (Legge n. 232 del 11.12.2016)**, all'articolo 1 comma 180, nell'ambito del cosiddetto "Pacchetto Previdenza" e consente l'accesso alla pensione anticipatamente rispetto alla maturazione del diritto anagrafico o contributivo.

In particolare, gli istituti previsti sono tre: Ape Sociale (con intervento a carico esclusivo dello Stato); Ape Volontaria (con intervento a carico del lavoratore) e Ape Aziendale (con intervento economico a carico dell'Azienda).

Con riferimento ai lavoratori invalidi l'Inps ha chiarito che qualora gli stessi siano già titolari di pensione di Invalidità Ordinaria (A.O.I. – Assegno Ordinario Invalidità), configurandosi a tutti gli effetti quale pensione non potranno accedere all'istituto dell'Ape.

Nel caso invece in cui il lavoratore invalido non sia beneficiario di pensione di invalidità potrà accedervi secondo i requisiti previsti dalla legge (per quanto di nostro interesse vi possono accedere gli invalidi civili con un grado di invalidità pari o superiore al 74%).

Assegno Ordinario di Invalidità: si tratta di una prestazione economica che spetta ai lavoratori dipendenti e autonomi, iscritti all'assicurazione generale obbligatoria Inps. Vi possono quindi

accedere i lavoratori dipendenti, i lavoratori autonomi (artigiani, commercianti, coltivatori diretti, coloni e mezzadri) e gli iscritti ad alcuni fondi pensione sostitutivi ed integrativi dell'assicurazione generale obbligatoria.
Al fine di accedere all'assegno è necessario avere una infermità fisica o mentale, non derivante da causa di servizio, accertata dai medici dell'Inps, tale da provocare una riduzione della capacità di lavoro di due terzi. Sono necessari almeno 5 anni di contributi di cui almeno 3 versati nei 5 anni precedenti alla data di presentazione della domanda.
L'assegno ordinario di invalidità non è una pensione definitiva, al compimento dell'età pensionabile viene trasformato automaticamente in pensione di vecchiaia, previa cessazione dell'attività.
Pensione anticipata di invalidità: possono accedere alla pensione anticipata di invalidità i lavoratori dipendenti, del solo comparto privato, appartenenti alle seguenti categorie:

- ☑ non vedenti;
- ☑ invalidi in misura non inferiore all'80%, rilevabile a seguito di accertamento da parte degli uffici sanitari dell'Inps.

Una riduzione dell'età pensionabile, in presenza in ogni caso del requisito contributivo, è prevista per:

- ➢ lavoratori non vedenti: se tali da prima di essere iscritti all'assicurazione obbligatoria o con almeno 10 anni di assicurazione e contribuzione dopo l'insorgenza della cecità: 55 anni uomini, 50 anni donne;
- ➢ lavoratori non vedenti: in tutti gli altri casi: 60 anni uomini, 55 anni donne;
- ➢ lavoratori invalidi con almeno l'80% di invalidità: 60 anni uomini, 55 anni donne.

Maggiorazione contributiva per lavoratori invalidi: **la Legge n. 388 del 23.12.2000** (legge finanziaria 2001) all'articolo 80 comma 3 ha introdotto un ulteriore beneficio per i lavoratori dipendenti invalidi, prevedendo espressamente quanto segue:

"3. A decorrere dall'anno 2002, ai lavoratori sordomuti di cui all'articolo 1 della legge 25 maggio 1970 n. 381, nonché agli invalidi per qualsiasi causa, ai quali è stata riconosciuta un'invalidità superiore al 74 per cento o ascritta alle prime quattro categorie della tabella A allegata al testo unico delle norme in materia di pensioni di guerra, approvato con decreto del Presidente della Repubblica 23 dicembre 1978, n. 915, come sostituita dalla tabella A allegata al decreto del Presidente della Repubblica 30 dicembre 1981, n. 834, e successive modificazioni, è riconosciuto, a loro richiesta, per ogni anno di servizio presso pubbliche amministrazioni o aziende private ovvero cooperative, effettivamente svolto, il beneficio di due mesi di contribuzione figurativa utile ai soli fini del diritto alla pensione e dell'anzianità contributiva, il beneficio è riconosciuto fino al limite massimo di cinque anni di contribuzione figurativa.".

2. Le agevolazioni per datore di lavoro

Al fine di individuare le agevolazioni riservate ai datori di lavoro che procedono con assunzione di personale disabile bisogna fare riferimento alle seguenti disposizioni:

- Legge n. 68/1999 – articolo 13;
- Decreto Legislativo n. 151/2015 – articolo 10 che interviene in modifica dell'articolo 13 della Legge n. 68/1999;
- Circolare Inps n. 99 del 13.06.2016.

La Legge n. 68/1999 all'articolo 13 ha previsto il riconoscimento di un incentivo per un periodo di 36 mesi per favorire le assunzioni con rapporto di lavoro a tempo indeterminato di persone con disabilità fisica o psichica.
Tale incentivo è riconosciuto sia a datori di lavoro del comparto privato sia del comparto pubblico anche non soggetti all'obbligo del collocamento obbligatorio.
L'articolo 10 del Decreto Legislativo n. 151/2015 ha riscritto la misura dell'incentivo prevedendo che, a partire dal 01.01.2016 l'incentivo, sempre per la durata di 36 mesi, sia concesso nelle seguenti misure:

- **70%** della retribuzione mensile lorda imponibile ai fini previdenziali, per ogni lavoratore disabile, assunto con rapporto di lavoro a tempo indeterminato che abbia una riduzione della capacità lavorativa superiore al 79% o minorazioni ascritte dalla prima alla terza categoria di cui alle tabelle annesse al testo unico delle norme in materia di pensioni di guerra, approvato con D.P.R. n. 915 del 23.12.1978;
- **35%** della retribuzione mensile lorda imponibile ai fini previdenziali, per ogni lavoratore disabile, assunto con rapporto di lavoro a tempo indeterminato, che abbia una riduzione della capacità lavorativa compresa tra il 67% e il 79% o minorazioni ascritte dalla quarta alla sesta categoria di cui alle tabelle citate nella lettera a).

Prevede inoltre che sia riconosciuto un incentivo nella misura del 70% della retribuzione mensile lorda imponibile ai fini previdenziali, per ogni lavoratore con disabilità intellettiva e psichica che comporti una riduzione della capacità lavorativa superiore al 45%, per un periodo di 60 mesi, in caso di assunzione a tempo determinato di durata non inferiore a 12 mesi e per tutta la durata del contratto.
Infine, **la Circolare Inps n. 99 del 13.06.2016** si pone l'obiettivo di disciplinare l'applicazione dell'articolo 10 del Decreto Legislativo n. 151/2015 indicando le modalità operative di attuazione.
Nel caso in cui l'azienda che procede all'assunzione di un lavoratore disabile debba sostenere costi per facilitarne l'inserimento lavorativo o il lavoro stesso del lavoratore disabile con invalidità superiore al 50% al fine di raggiungere il cosiddetto "accomodamento ragionevole" (adeguamento della postazione di lavoro, abbattimento delle barriere architettoniche, dotazione di strumentazione particolare) può beneficiare di un rimborso parziale forfettario.

3. Il Fondo per il diritto al lavoro dei disabili

La Legge n. 68/1999 ha istituito presso il Ministero del Lavoro e delle Politiche Sociali, il Fondo per il diritto al lavoro dei disabili.

Le risorse del Fondo finanziano la corresponsione da parte dell'Inps degli incentivi ai datori di lavoro che effettuano le assunzioni di lavoratori con disabilità, nonché i progetti sperimentali di inclusione lavorativa delle persone con disabilità da parte del Ministero del Lavoro e delle Politiche Sociali.
A decorrere dagli anni 2016 e 2017 al Fondo per il diritto al lavoro dei disabili sono stati assegnati € 21.915.742,00.
Il Decreto del Ministero del lavoro e delle Politiche Sociali di concerto con il Ministero dell'Economia e delle Finanze, del 16.03.2017 ha aggiornato il Decreto del 24.02.2016 al fine di trasferire all'Inps le risorse dei contributi esonerativi di cui all'articolo 5, comma 3 bis della Legge 68/1999 che affluiscono al Fondo.
Più recentemente, stante l'incremento dello stanziamento del Fondo previsto dall'articolo 55 bis del **Decreto Legge n. 50 del 24.04.2017** convertito, con modificazioni, dalla Legge n. 96 del 21.06.2017, con il **Decreto Interministeriale del 29.09.2017** ha trasferito all'Inps ulteriori 58 milioni di euro per le assunzioni relative all'anno 2017 a valere sul Fondo per il diritto al lavoro dei disabili.

CAPITOLO VI

LUOGO DI LAVORO A MISURA DI DISABILE

SOMMARIO — 1. Inserimento, integrazione e inclusione - 2. Integrazione Sociale – 3. Ergonomia – 4. La figura dell'ergonomo – 5. Nuove tecnologie a servizio dei lavoratori disabili.

1. Inserimento, integrazione e inclusione

Questi tre termini sono spesso considerati sinonimi in realtà hanno ciascuno un proprio ambito di applicazione e significati diversi.
Si parla di **inserimento** quando si vuole riconoscere il diritto alle persone con disabilità ad avere un posto nella società. Ci si limita però ad inserirle in una zona spesso separata dalla società (un istituto, una classe sociale, quasi ghettizzandoli come categoria particolare), oppure in una situazione passiva, di dipendenza dagli altri, di cura e quindi di assistenzialismo.
Spesso quindi l'inserimento passa per un approccio caritativo, assistenziale, di dipendenza che prosegue nella spersonalizzazione dell'individuo.
Il processo successivo, più evoluto, è quindi quello dell'inserimento volto all'**integrazione** dei soggetti con disabilità.
Si parte dal rispetto dei luoghi ordinari, vissuti da tutte le persone e quindi anche dai soggetti affetti da disabilità.
Non si modificano le regole, i principi di funzionamento e delle istituzioni a favore dei soggetti disabili perché altrimenti di produrrebbe, seppure con l'intento positivo, una discriminazione, un favoritismo che tornerebbe ad etichettare come "diversi" i soggetti disabili.
L'integrazione non considera i diversi ostacoli e le barriere architettoniche, non solo fisiche, che i disabili devono superare nella vita di tutti i giorni e a maggior ragione in un contesto di lavoro.
Sono trattati alla stregua di tutti gli altri aspetto che se da un lato li pone in una condizione di parità di trattamento rispetto alla collettività dall'altro li penalizza non tenendo in debita considerazione le

difficoltà o il maggior impegno che viene a loro richiesto in funzione della propria disabilità.
Con il concetto quindi di **inclusione** si supera questo aspetto; la persona con disabilità viene considerata come un cittadino a pieno titolo, titolare di diritti e di doveri in funzione della propria specificità. Il disabile è parte della società e deve godere di tutti i beni, i servizi, le politiche ed i diritti ad essa connessi.
Tale concezione prevede quindi che tutte le barriere e gli ostacoli che la società, l'ambiente, l'azienda, il luogo di lavoro frappongono al disabile vengano rimossi essendo essi stessi causa di discriminazione.
Se con l'integrazione i disabili erano costretti ad accettare e subire le regole della società predefiniste, con l'inclusione l'obiettivo è quello di riscrivere le regole della società in funzione ed in considerazione della disabilità.
I disabili, seppure nella loro diversità, sono sempre e comunque uguali dal punto di vista dei diritti e pertanto non devono per nessuna ragione essere esclusi dall'attività sociale e quindi anche lavorativa.

2. Integrazione sociale

L'articolo 8 della Legge Quadro n. 104/1992 "Inserimento ed integrazione sociale" prevede espressamente che:

1. L'inserimento e l'integrazione sociale della persona handicappata si realizzano mediante:
   a) interventi di carattere socio-psico-pedagogico, di assistenza sociale e sanitaria a domicilio, di aiuto domestico e di tipo economico ai sensi della normativa vigente, a sostegno della persona handicappata e del nucleo familiare in cui è inserita;
   b) servizi di aiuto personale alla persona handicappata in temporanea o permanente grave limitazione dell'autonomia personale;
   c) interventi diretti ad assicurare l'accesso agli edifici pubblici e privati e ad eliminare o superare le barriere fisiche e architettoniche che ostacolano i movimenti nei luoghi pubblici o aperti al pubblico;

d) provvedimenti che rendano effettivi il diritto all'informazione e il diritto allo studio della persona handicappata, con particolare riferimento alle dotazioni didattiche e tecniche, ai programmi, a linguaggi specializzati, alle prove di valutazione e alla disponibilità di personale appositamente qualificato, docente e non docente;
e) adeguamento delle attrezzature e del personale dei servizi educativi, sportivi, di tempo libero e sociali;
f) misure atte a favorire la piena integrazione nel mondo del lavoro, in forma individuale o associata, e tutela del posto di lavoro anche attraverso incentivi diversificati;
g) provvedimenti che assicurino la fruibilità dei mezzi di trasporto pubblico e privato e la organizzazione di trasporti specifici;
h) affidamenti e inserimenti presso persone e nuclei familiari;
i) organizzazione e sostegno di comunità alloggio, case famiglia o analoghi servizi residenziali inseriti nei centri abitati per favorire la deistituzionalizzazione e per assicurare alla persona handicappata, priva anche temporaneamente di una idonea sistemazione familiare, naturale o affidataria, un ambiente di vita adeguato;
j) istituzione o adattamento di centri socioriabilitativi ed educativi diurni, a valenza educativa, che perseguano lo scopo di rendere possibile una vita di relazione a persone temporaneamente o permanentemente handicappate, che abbiano assolto l'obbligo scolastico, e le cui verificate potenzialità residue non consentano idonee forme di integrazione lavorativa. Gli standard dei centri socio-riabilitativi sono definiti dal Ministro della sanità, di concerto con il Ministro per gli affari sociali, sentita la Conferenza permanente per gli affari tra lo Stato, le regioni e le province autonome di Trento e di Bolzano di cui all'articolo 12 della legge 23 agosto 1988, n. 400;

k) organizzazione di attività extrascolastiche per integrare ed estendere l'attività educativa in continuità ed in coerenza con l'azione della scuola.

L'integrazione del disabile nell'ambiente di lavoro passa anche attraverso un adattamento fisico e strutturale delle postazioni di lavoro, degli spazi comuni, affinché siano facilmente accessibili ed utilizzabili anche dai colleghi portatori di disabilità.
Nei confronti dei lavoratori dipendenti disabili il datore di lavoro deve quindi garantire una maggiore attenzione nella valutazione dei rischi e nel predisporre postazioni di lavoro comode, facilmente raggiungibili.
Dovranno quindi integrarsi le norme sulla sicurezza e sulla salute nei luoghi di lavoro e quelle contro la discriminazione.
Con riferimento alle prime, ovvero quelle che riguardano la sicurezza e la salute sui luoghi di lavoro, il datore di lavoro deve:

- ➢ proteggere i gruppi a rischio particolarmente esposti agli specifici pericoli che li riguardano;
- ➢ organizzare il luogo di lavoro "tenendo conto, se necessario, di eventuali lavoratori portatori di handicap. Questo obbligo vige in particolare per le porte, le vie di circolazione, le scale, le docce, i lavatoi, i gabinetti e i posti di lavoro utilizzati oppure occupati direttamente da lavoratori portatori di handicap;
- ➢ mettere a disposizione attrezzature di lavoro adatte al lavoro da svolgere e che possono essere utilizzate dai lavoratori senza pericolo per la loro sicurezza e la loro salute. Bisognerà tenere pienamente conto dei principi ergonomici quando si applicano i requisiti minimi di sicurezza e di salute.

Con riferimento alle seconde, ovvero alle norme contro la discriminazione sui luoghi di lavoro, il datore di lavoro deve:

- ➢ prevedere una soluzione appropriata per i disabili, consentendo loro di accedere ad un lavoro, di svolgerlo o di avere una promozione o di ricevere una formazione;

- prevedere misure pratiche ed efficaci destinate a sistemare il luogo di lavoro in funzione dell'handicap, ad esempio sistemando i locali o adattando le attrezzature, i ritmi di lavoro, la ripartizione dei compiti o fornendo mezzi di formazione o di inquadramento.

Garantire una facile ed agevole accessibilità non significa occuparsi solo dell'accesso agli edifici.
Significa consentire al lavoratore disabile l'utilizzo degli spazi, dei locali, in modo agevole e quanto più possibile autonomo; ciò ovviamente in relazione alle specifiche disabilità ivi comprese quelle motorie, visive ed uditive.
Secondo l'Agenzia Europea per la sicurezza e la salute sul lavoro, devono essere adottate le seguenti misure:

- **Con riferimento all'ambiente di lavoro:**

- adeguare i locali o le postazioni di lavoro, ad esempio rampe, ascensori, interruttori dell'illuminazione, gradini evidenziati con colori chiari, strisce tattili di segnalazione all'inizio delle scale, segnali audio o di avvertenza, dispositivi di apertura automatica di porte pesanti, maniglie delle porte, campanelli e dispositivi d'ingresso accessibile da sedie a rotelle e reperibili da persone con menomazioni alla vista, pavimenti antisdrucciolevoli e lisci;
- assegnare la persona ad un'area di lavoro diversa, ad esempio in una stanza di lavoro al piano terra con un accesso e uno spazio maggiori;
- acquistare o modificare le attrezzature, ad esempio tastiere Braille, telefoni a viva voce;
- modificare i manuali di istruzione o di riferimento, ad esempio con istruzioni visive o illustrazioni;
- fornire un lettore o un interprete, ad esempio fornendo un telefono a testo (minicom) per una persona con menomazione dell'udito e prevedere un interprete del linguaggio dei segni per riunioni oppure occasioni particolari;
- installare un software di riconoscimento della voce sul computer di una persona che soffre di disturbi

muscoloscheletrici agli arti superiori derivati dal lavoro o che è afflitta da ipovisione;

- fornire uno zoomtext (software di ingrandimento), note su dischetto, posta elettronica o cassetta audio a persone con difficoltà visive;
- provvedere ad una buona illuminazione per le persone afflitte da ipovisione o capaci di lettura labiale.

➢ **Con riferimento alla segnaletica:**

- considerare come aiutare le persone a spostarsi nell'edificio e a raggiungere il luogo che si erano prefissi di raggiungere;
- considerare le cose che possono essere fatte per aiutare una persona afflitta da ipovisione a trovare il cammino;
- fornire le avvertenze con caratteri grandi e chiari in modo da consentire alle persone con menomazione visiva di vederli facilmente;
- fornire una segnaletica in Braille, tattile e con caratteri grandi presso le maniglie delle porte;
- fornire grafici e immagini in quanto i segni possono essere assimilati più facilmente delle persone con difficoltà di apprendimento;
- dotare i segni di un rivestimento opaco per evitare il riverbero. Per agevolare la lettura, la scrittura deve contrastare con lo sfondo.

➢ **Con riferimento all'organizzazione del lavoro ed alle funzioni:**

- assegnare alcune delle funzioni della persona disabile ad un'altra, ad esempio la guida di un veicolo;
- trasferire il lavoratore ad un posto più adatto

- **Con riferimento alla formazione ed alla supervisione:**

- adottare le misure necessarie affinchè la persona disabile non sia svantaggiata per quanto concerne la formazione, l'istruzione e l'informazione in materia di salute e sicurezza

- **Con riferimento ai parcheggi:**

Il parcheggio nei pressi del luogo di lavoro, l'articolo 381 comma 5 del **D.P.R. n. 495 del 16.12.1992** avente per oggetto "Regolamento di esecuzione e di attuazione del nuovo codice della strada" – pubblicato in Gazzetta Ufficiale n. 303 del 28.12.1992 – Supplemento Ordinario n. 134, il personale disabile ha diritto a richiedere un parcheggio personalizzato anche nei pressi del luogo di lavoro.

L'articolo 381 comma 5 del D.P.R. n. 495/1992 prevede espressamente che:

> "Nei casi in cui ricorrono particolari condizioni di invalidità della persona interessata, il sindaco può, con propria ordinanza, assegnare a titolo gratuito un adeguato spazio di sosta individuato da apposita segnaletica indicante la targa autorizzato ad usufruirne".

Si tratta quindi di un posto parcheggio ad personam, ovvero si tratta di un posto assegnato in via esclusiva al titolare della targa e non può essere occupato da nessun altro veicolo.
Nel cartello segnaletico predisposto dal Comune è riportato il numero di targa del veicolo impiegato dalla persona disabile onde permettere l'utilizzo esclusivo di quel determinato posto macchina.
Se l'azienda dispone di un parcheggio privato dedicato ai propri dipendenti, è opportuno che informi l'ufficio amministrativo ed il personale, in modo tale da valutare la possibilità di riservarle uno stallo ubicato il più possibile vicino all'entrata, che andrà ad utilizzare.
In caso di diniego, è possibile richiedere un posto riservato all'esterno dell'area di parcheggio aziendale, presentando apposita domanda al Comune.

È bene precisare che, in questa ipotesi, normalmente il parcheggio personalizzato è concesso a tempo, ovvero limitato all'orario di lavoro del richiedente.

3. Ergonomia

Di "ergonomia" sentiamo parlare ben lontano nel tempo; la Carta Comunitaria dei Diritti Sociali fondamentali dei lavoratori al suo articolo 26 infatti prevede che "ogni persona handicappata, a prescindere dall'origine o dalla natura dell'handicap, deve poter beneficiare di concrete misure aggiuntive intese a favorire l'inserimento sociale e professionale. Tali misure devono riguardare la formazione professionale, **l'ergonomia**, l'accessibilità, la mobilità, i mezzi di trasporto e l'alloggio e devono essere in funzione delle capacità degli interessati".
L'ergonomia è la scienza che mette in relazione l'uomo con la macchina, una relazione che spesso si inserisce in un contesto che richiede maggiore efficacia ed efficienza, come quello organizzativo e ha conseguenze fisiche, psicologiche sull'individuo.
Volendo prendere spunto dalle definizioni internazionali possiamo indicare le più importanti:

International Ergonomics Association

Durante l'ultima riunione del Direttivo dell'IEA (a San Diego nel luglio 2000) è stata approvata la seguente definizione dell'ergonomia: "Ergonomics (or Human Factors) is the scientific discipline concerned with the understanding of the interactions among human and other elements of a system, and the profession that applies theory, principles, data and methods to design in order to optimize human well-being and overall system performance", ovvero: *"Ergonomia (o fattori umani) è la disciplina scientifica che riguarda la comprensione delle interazioni tra gli elementi umani e altri di un sistema, e la professione che applica teoria, principi, dati e metodi per progettare al fine di ottimizzare il benessere umano e prestazioni generali del sistema ".*

Institute Of Ergonomics and human factors (UK) - IEHF

Definisce l'ergonomia "Ergonomics, or Human Factors as it is known in North America, is a branch of science that aims to learn about human abilities and limitations and then apply that knowledge to improve people's interaction with products, systems and environments", ovvero *"Ergonomia, o Fattori umani come è noto in Nord America, è una branca della scienza che mira a conoscere le abilità e i limiti umani e quindi applicare quella conoscenza per migliorare l'interazione delle persone con prodotti, sistemi e ambienti".*

Sociètè d'ergonomie de langue française

La Società di Ergonomia di lingua francese definisce l'ergonomia come segue: "L'intervention ergonomique est une construction: la demande comme les réponses s'élaborent dans l'action. Situation et activité de travail sont complexes. Ces complexités recouvrent des contradictions que les acteurs sont amenés individuellement et collectivement à gérer (régulation) et à résoudre. L'ergonomie peut alors être définie comme: "l'adaptation du travail à l'homme" ou plus précisément: "la mise en œuvre de connaissances scientifiques relatives à l'homme et nécessaires pour concevoir des outils, des machines et des dispositifs qui puissent être utilisés par le plus grand nombre avec le maximum de confort, de sécurité et d'efficacité", ovvero *"L'intervento ergonomico è una costruzione: domanda e risposte sono elaborate in azione. Situazione e attività lavorativa sono complesse. Queste complessità riguardano le contraddizioni che gli attori sono portati individualmente e collettivamente a gestire (regolare) e risolvere.*
L'ergonomia può quindi essere definita come: "l'adattamento del lavoro all'uomo" o più precisamente: "l'implementazione della conoscenza scientifica relativa all'uomo e necessaria per progettare strumenti, macchine e dispositivi che può essere utilizzato da quante più persone possibili con il massimo comfort, sicurezza ed efficienza".

L'Ergonomia è applicata in maniera positiva in molteplici ambiti quali, a titolo di esempio:

- il miglioramento del benessere negli ambienti di lavoro e di vita;
- la riduzione delle fonti di disagio e di affaticamento;
- l'aumento della prevenzione e della protezione mediante la riduzione delle fonti di pericolo;
- il potenziamento dell'interazione uomo-nuove tecnologie;
- il potenziamento del confort finalizzato al miglioramento delle prestazioni.

La progettazione in ergonomia cerca di partire dallo studio delle caratteristiche generali dell'ambiente per cercare di creare ambienti adatti all'uomo attraverso uno studio deduttivo.

Gli obiettivi che si vogliono perseguire, progettando in ergonomia sono:

- favorire con interventi di vario tipo l'inserimento dei disabili nel mondo del lavoro e in quello del consumo;
- garantire il diritto alla mobilità abbattendo le barriere architettoniche;
- garantire l'accesso alle risorse informatiche: i soggetti coinvolti si servono delle risorse tecnologiche più avanzate per fare fronte ai problemi di accessibilità che si presentano all'interno dell'azienda;
- individuare strategie finalizzate all'occupazione; il progetto fornisce ai membri informazioni pratiche non solo sulle possibili esigenze dei lavoratori disabili ma anche sulla loro idoneità alle varie mansioni (abbattimento barriere culturali).

Parlando di ergonomia nell'ambito della disabilità è necessario definire correttamente i termini di "Barriere architettoniche" e "Accessibilità".
Per farlo ricorriamo alla definizione "ufficiale" contenuta dall'articolo 2 del **Decreto del Ministero dei Lavori Pubblici n. 236**

del 14.06.1989 avente per oggetto "Prescrizioni tecniche necessarie a garantire l'accessibilità, l'adattabilità e la visitabilità degli edifici privati e di edilizia residenziale pubblica sovvenzionata e agevolata, ai fini del superamento e dell'eliminazione delle barriere architettoniche" – pubblicato in Gazzetta Ufficiale n. 145 del 23.06.1989 Supplemento Ordinario n. 47 e nel **D.P.R. n. 503 del 24.07.1996** recante "Regolamento recante norme per l'eliminazione delle barriere architettoniche negli edifici, spazi e servizi pubblici" – pubblicato in Gazzetta Ufficiale n. 227 – Supplemento Ordinario del 27.09.1996.
Vediamo nel dettaglio:

con il termine **barriere architettoniche** si intendono:

a) gli ostacoli fisici che sono fonte di disagio per la mobilità di chiunque ed in particolare di coloro che, per qualsiasi causa, hanno una capacità motoria ridotta o impedita in forma permanente o temporanea;
b) gli ostacoli che impediscono o limitano a chiunque la comoda e sicura utilizzazione di parti, attrezzature o componenti;
c) la mancanza di accorgimenti e segnalazioni che permettono l'orientamento e la riconoscibilità dei luoghi e delle fonti di pericolo per chiunque e in particolare per i non vedenti, per gli ipovedenti e per i sordi

con il termine **accessibilità** si intende la possibilità, anche per le persone con ridotta o impedita capacità motoria o sensoriale, di raggiungere l'edificio e le sue singole unità immobiliari e ambientali, di entrarvi agevolmente e di fruire spazi e attrezzature in condizioni di adeguata sicurezza e autonomia.
Questa importante definizione contenuta nel **D.M. n. 236 del 14.06.1989** e nel **D.P.R. n. 503 del 24.07.1996** si riferisce essenzialmente alle caratteristiche ed agli aspetti spaziali relativi agli edifici.
Tali definizioni devono essere legge in simbiosi con le disposizioni contenute nella **Legge n. 4 del 09.01.2004**, conosciuta anche come legge Stanca, recante "Disposizioni per favorire l'accesso dei soggetti disabili agli strumenti informatici" ed il suo Regolamento di cui al

D.P.R. n. 75 del 01.03.2005, laddove con il termine di accessibilità si intende "la capacità dei sistemi informatici, nelle forme e nei limiti consentiti dalle conoscenze tecnologiche, di erogare servizi e fornire informazioni fruibili, senza discriminazioni, anche da parte di coloro che a causa di disabilità necessitano di tecnologie assistive o configurazioni particolari".
Il termine accessibilità evoca direttamente le capacità ed il potenziamento delle scelte possibili, individuali ed autonome, diminuendo ove possibile i condizionamenti esterni.

4. L'ergonomo dell'inclusione

Per rispondere ai bisogni di trovare giuste relazioni nei rapporti tra uomini e tecnologie o ambienti di lavoro, fra le nuove professioni in via di definizione, anche da un punto di vista normativo, vi è quella dell'ergonomo dell'inclusione.
Tra le sue principali funzioni vi è quella ad esempio di studiare e mappare le condizioni di disabilità dei lavoratori in un'azienda al fine di proporre gli ausili adeguati, oltre che individuare il più giusto e confortevole adattamento dell'ambiente così da assistere in maniera adeguata ai diversi bisogni a livello sensoriale, motorio e cognitivo.
A maggior ragione questa analisi diventa importante e determinante per l'azienda quando si tratta di un reinserimento a seguito di sopraggiunta disabilità, così che grazie anche all'evolversi sempre più veloce delle tecnologie si possa pensare di far continuare a svolgere le funzioni coerenti con il proprio background, senza costringere l'organizzazione a rivedere gli incarichi e a relegare persone con attitudini manageriali o con specifiche abilità a compiti sottodimensionati rispetto alle loro potenzialità (per esempio quindi giungendo al demansionamento).
Nell'identificare il nuovo ruolo dell'ergonomo dell'inclusione, secondo Giacinto Barresi, che si occupa di ergonomia cognitiva e neuroergonomia presso l'Istituto Italiano di Tecnologia (I.I.T.) e collabora al progetto Teep-Sla, *"l'ergonomo dell'inclusione deve definire capacità, limiti e bisogni del lavoratore con disabilità, in relazione con gli obiettivi dell'organizzazione, per scegliere o progettare l'ausilio adatto a mantenere le attività, il ruolo e l'identità*

nel contesto lavorativo più a lungo possibile, e riducendo ogni discriminazione".
Solo creando le condizioni più confortevoli e adatte si potrà pensare di consentire al lavoratore disabile l'espressione al massimo delle proprie potenzialità; ecco quindi che il lavoratore disabile, adeguatamente assistito da ausili appositi, diventa una risorsa e non un ostacolo.
La Convenzione O.N.U. per i diritti delle persone con disabilità, ratificata dall'Italia con la **Legge n. 18 del 03.03.2009**, definisce all'articolo 2 l'accomodamento ragionevole come un insieme *"delle modifiche e degli adattamenti necessari e appropriati che non impongano un onere sproporzionato o eccessivo, adottati ove ve ne sia necessità in casi particolari, per garantire alle persone con disabilità il godimento e l'esercizio, su base di uguaglianza con gli altri, di tutti i diritti umani e delle libertà fondamentali.*
Il concetto di "accomodamento" comprende tutti gli aspetti dell'accessibilità complessiva dell'ambiente di vita e di lavoro, dell'adozione di ausili tecnici utili a facilitare i compiti di lavoro e dell'eventuale supporto di assistenza personale; la "ragionevolezza" a cui la normativa fa riferimento evoca il principio di "non costringere il datore di lavoro ad investimenti sproporzionati".
In Italia troviamo l'esempio della S.I.E. – Società Italiana Ergonomia, che ai sensi dell'articolo 3 dello Statuto "... ha lo scopo di promuovere lo sviluppo dell'ergonomia e lo studio dei fattori umani (da ricondurre alla sua vocazione antropocentrica), la diffusione e sistemizzazione delle conoscenze e delle esperienze connesse all'approccio ergonomico, in stretto rapporto con le realtà sociali, ambientali e produttive dove operano e vivono gli esseri umani, le Scuole, le Università. Ha inoltre lo scopo di promuovere il corretto sviluppo degli aspetti professionali e di costituire un riferimento per gli organi istituzionali preposti alla regolamentazione in materia di professioni".

5. Nuove tecnologie a servizio del lavoratore disabile

Il volto della società, il modo di fare impresa e conseguentemente di lavorare all'interno delle imprese, cambia di giorno in giorno grazie anche alle preponderanti innovazioni tecnologiche.
Grazie ad esse si superano limiti impensabili, aumenta la produzione e la qualità di essa, si riducono tempi, distanze.
L'uso delle tecnologie diventa quasi un diritto primario per ciascuno di noi.
Ciò diventa ancora più evidente quanto si parla di soggetti che devono superare ostacoli legati alle proprie condizioni fisiche o psichiche e che quindi possono trovare nel corretto utilizzo di tecnologie, la giusta risposta ed il più appropriato supporto.
Anche la progettazione delle tecnologie si scontra però con la disabilità, laddove i disabili debbano adattarsi alla tecnologia anziché la tecnologia rispondere ai loro bisogni e alle loro richieste.
Proprio in quest'ottica, al fine di definire un'azione coerente ed incisiva volta a promuovere tra disabili e anziani il potenziale delle tecnologie, su precisa volontà del Ministro per l'Innovazione e le Tecnologie ed in accordo con il Ministro del Lavoro e delle Politiche Sociali è stata istituita presso la Presidenza del Consiglio dei Ministri – Dipartimento per l'innovazione e le tecnologie, una Commissione interministeriale sullo sviluppo e l'impiego delle tecnologie dell'informazione per le categorie deboli.
La conclusione di questo progetto ha portato anche alla definizione di alcune "Raccomandazioni", ovvero di una serie di punti che rappresentano obiettivi da perseguire.
Il mandato di questa specifica Commissione persegue le seguenti finalità:

- l'uso e la diffusione delle tecnologie dell'informazione per ridurre ed abbattere le barriere architettoniche che impediscono o rallentano l'integrazione sociale delle categorie svantaggiate;
- lo sviluppo e la diffusione di tecnologie accessibili e facilmente utilizzabili da tutti.

Parlando con un amico disabile, molto attivo nell'ambito tecnologico, alla mia domanda: "*Quanto conta la tecnologia nell'integrazione di un disabile*" mi ha risposto: "*Che domanda è? E come se chiedessi ad un uccello di volare senza ali!*".
Le tecnologie riducono gli spazi, allargano i limiti, superano i problemi di mobilità, garantiscono la comunicazione e lo scambio delle informazioni indipendentemente dal luogo in cui si è.
Il superamento del limite della mobilità e dei trasporti rappresenta una importante innovazione che consente una diversa modalità di comunicazione, di apprendimento, di lavoro e di fruizione dei servizi.
Attraverso le tecnologie un muto può parlare con l'ausilio di un computer, un sordo può telefonare, un cieco può "sostituire" i suoi occhi con un computer che legge per lui quanto appare sullo schermo.
Come abbiamo sinteticamente evidenziato gli aspetti positivi delle innovazioni tecnologiche sono molteplici ma sono ancora troppi gli ostacoli che non consentono un loro ottimale utilizzo.
L'utilizzo delle tecnologie può consentire ad un disabile un adeguato e dignitoso inserimento nel mondo del lavoro, sia fisicamente presso l'azienda sia con modalità "da remoto" per esempio in telelavoro.
Al fine di individuare le corrette tecnologie da introdurre nell'ambiente del lavoro al fine di consentire e favorire l'inserimento di persone affette da disabilità abbiamo visto che un ruolo importante è assunto dal Disability Manager in concorso con l'Ergonomo.
Tali professionisti individueranno a seconda delle disabilità le giuste tecnologie, ci riferiamo per esempio a:

- schermi o pc dotati per esempio di display braille, stampanti braille, computer parlanti, lettori CD ROM, monitor con accorgimenti particolari (ingrandimento dei caratteri o forte contrasto dei colori per evidenziare i testi), schermi tattili, programmi di sintesi e riconoscimento vocale per disabili visivi;
- computer che mandano avvisi sono o messaggi parlati per coloro che hanno problemi di udito;
- proteggi tastiera, supporti per i polsi, per coloro che hanno problemi di utilizzo delle mani e delle braccia o di coordinamento dei movimenti;

- aste per bocca, frontali (applicate sulla fronte) o mentoniane (applicate sul mento) che permettono di premere i tasti del computer guidando i movimenti dell'asta stessa con la bocca o con il movimento della testa, per coloro che hanno problemi con le mani;
- pc, tablet, smartphone, collegamenti internet per chi ha difficoltà di spostamento e quindi può lavorare "da remoto" con collegamenti telematici mantenendo comunque il contatto con l'azienda.

CAPITOLO VII

INSERIMENTO LAVORATIVO

SOMMARIO — 1. L'inserimento del lavoratore disabile — 2. Il contratto di lavoro e le mansioni – 3. L'orario di lavoro - 4. Il reinserimento del lavoratore disabile a seguito infortunio o malattia professionale – 5. La sicurezza del lavoratore disabile - 6. I centri per l'impiego – 7. Licenziabilità del lavoratore reso disabile da infortunio o malattia professionale.

1. L'inserimento del lavoratore disabile

In concomitanza alla scrittura di queste pagine ho visto in una nota trasmissione televisiva la partecipazione di una mamma di un figlio affetto da malattia neurovegetativa che promuoveva la propria esperienza di madre di un figlio in età di pre inserimento lavorativo ed il proprio progetto di avviare una attività economica proprio per consentire al proprio figlio e ad altri ragazzi della stessa età, in condizioni di disabilità analoghe, di acquisire una autonomia economica e quindi una affermazione nel mondo sociale.
Le parole dette da questa mamma mi hanno fatto comprendere ancora di più, se ve ne fosse bisogno, quanto importante sia far conoscere gli strumenti e gli istituti presenti nel nostro ordinamento per consentire un dignitoso inserimento lavorativo del soggetto disabile.
L'inserimento e l'integrazione del soggetto disabile passa obbligatoriamente per la scuola.
Trattandosi infatti di un'esperienza successiva al percorso scolastico, la scuola deve fare la sua parte per favorire il passaggio.
Oggi c'è un processo di "inserimento" controllato e protetto che prende il nome di **"Alternanza Scuola Lavoro"**.
Si tratta di una modalità didattica innovativa che consente, attraverso l'esperienza pratica, di:

- consolidare le conoscenze acquisite a scuola;
- testare sul campo le attitudini degli studenti;
- implementare la formazione;

- orientare il futuro percorso di formazione o di ingresso nel mondo del lavoro.

Come dire "dalla teoria alla pratica" passando per un contesto protetto.
Introdotta dal **Decreto Legislativo n. 77 del 15.04.2005** recante "Definizione delle norme generali relative all'alternanza scuola-lavoro, a norma dell'articolo 4 della Legge 28 marzo 2003, n. 53" – pubblicato in Gazzetta Ufficiale n. 103 del 05 maggio 2005 e più recentemente dalla **Legge n. 107 del 13.07.2015** recante "Riforma del sistema nazionale di istruzione e formazione e delega per il riordino delle disposizioni legislative vigenti" – pubblicata in Gazzetta Ufficiale Serie Generale n. 162 del 15.07.2015, più nota come "La Buona Scuola", è un percorso obbligatorio negli ultimi 3 anni delle scuole superiori.
Se in linea generale il percorso di alternanza scuola lavoro è un'opportunità di inclusione lo è ancor di più per i disabili.
Il possibile inserimento nel mondo del lavoro dipende dalle residue capacità lavorative attestate ed indicate nel Certificato rilasciato dall'Inps.
La finalità dell'Alternanza Scuola Lavoro è comune a tutti gli studenti a prescindere che gli stessi siano disabili o meno, consiste nel favorire l'inserimento degli alunni in contesti lavorativi, potenziando l'autonomia personale e sociale.

Con particolare riferimento agli studenti disabili essi:

- seguono il corso sulla sicurezza, con "marginale" supporto del docente di sostegno;
- svolgono lo stage nella sospensione dell'attività didattica, anche in modo "dimensionato" con il monitoraggio, anche diretto e con iniziale accompagnamento, del docente di sostegno e/o curricolare, che è in servizio;
- svolgono lo stage nell'estate, anche in modo "dimensionato", con il monitoraggio, anche diretto, del docente di sostegno e/o curricolare;
- è monitorato in modo da consentire un'emancipazione graduale dalla figura del docente o dell'adulto di riferimento;

- può svolgere l'attività di alternanza scuola lavoro presso un'azienda, una cooperativa e/o un ente, individuati dalla scuola.

La disciplina della Legge n. 107 del 13.07.2015 "La Buona Scuola" deve essere letta in abbinamento con il contenuto del **Decreto Legislativo n. 66 del 13.04.2017** avente per oggetto "Norme per la promozione dell'inclusione scolastica degli studenti con disabilità, a norma dell'articolo 1, commi 180 e 181, lettera c) della Legge 13 luglio 2017 n. 104" – pubblicato in Gazzetta Ufficiale n. 112 del 16.05.2017 – Supplemento Ordinario n. 23.
Notevole importanza in materia di alternanza scuola lavoro assume anche il **D.P.R. del 12.10.2017** avente per oggetto "Adozione del secondo programma di azione biennale per la promozione dei diritti e l'integrazione delle persone con disabilità" – pubblicato in Gazzetta Ufficiale n. 289 del 12.12.2017.
In particolare, l'allegato programma, in attuazione della legislazione nazionale ed internazionale ai sensi dell'articolo 3, comma 5, della Legge n. 18 del 03.03.2009, al capitolo 6 "Linea di intervento 4 – inclusione scolastica e processi formativi", all'azione 7 si pone l'obiettivo di garantire la continuità tra orientamento/formazione e transizione al lavoro e l'accesso degli adulti con disabilità a percorsi d'istruzione e formazione permanente.
In particolare, l'azione prevede quanto segue: "*le linee guida per l'integrazione degli alunni con disabilità emanate dal Ministero dell'Istruzione con la Nota del 4 agosto 2009, suggeriscono l'implementazione di azioni e progetti in grado di favorire i passaggi di questi alunni da un ordine di scuola ad un altro e suggeriscono l'adozione di iniziative per il loro accompagnamento alla vita adulta e al lavoro attraverso esperienze di alternanza scuola-lavoro, stage, collaborazione con le aziende del territorio. Nella scuola superiore, specie per gli alunni con disabilità intellettiva, si sono sperimentati in passato dei percorsi educativi misti di istruzione, formazione professionale ed esperienze di lavoro, sulla base di accordi presi per iniziativa della scuola, fra scuola, centri di formazione professionale e mondo del lavoro. Sebbene ancora poso diffuse, queste esperienze dimostrano come sia possibile offrire effettive opportunità di inclusione e di sviluppo professionale mediante percorsi educativi che*

favoriscono l'acquisizione di abilità di autonomia e l'inserimento nel mondo del lavoro delle persone con disabilità. La Legge n. 107 del 13 luglio 2015 prevede, l'attivazione di percorsi di alternanza scuola/lavoro nelle Scuole Secondarie di Secondo Grado, inseriti nei piani triennali dell'offerta formativa elaborati dalle istituzioni scolastiche. Tuttavia le stesse Linee guida ministeriali per l'attuazione di tale previsione normativa non indicano le modalità di adempiere a tale obbligo in favore degli alunni con disabilità...".

Tra le azioni specifiche in relazione a questa previsione normativa si è individuato l'obbligo di *"inserire specifiche misure per l'inclusione degli studenti con disabilità nel decreto delegato relativo ai percorsi di alternanza scuola – lavoro, allargando agli studenti con disabilità la garanzia di accesso ad attività e progetti di orientamento scolastico degli studenti con disabilità, evitando esoneri o l'assegnazione di questi alunni esclusivamente alla formulazione e gestione delle previste imprese simulate."*.

Dal 01.01.2019 decorreranno importanti novità per l'inclusione degli alunni con disabilità nelle scuole di ogni ordine e grado.

La figura centrale nell'ambito dell'Alternanza Scuola Lavoro è la figura del Tutor, notoriamente centrale in tutti i casi di stage formativi, lo è ancor di più nel caso di inserimento di disabili e per questo motivo dovrà essere individuato con particolare attenzione.

Nella maggior parte dei casi, sarebbe preferibile prevedere un tutor interno (anche un insegnante di sostegno o l'assistente educatore), al fine di consentire un graduale inserimento e di verificare di volta in volta se lo studente diversamente abile è in grado di svolgere le mansioni a lui assegnate in autonomia.

Potrebbe essere necessario prevedere:

- percorsi differenziati;
- flessibilità o riduzione dell'orario.

La scuola dovrà quindi prevedere percorsi personalizzati sulla base della personalità e delle reali capacità degli alunni disabili.

Nel caso di alternanza scuola lavoro di studenti con disabilità non vi è obbligo fra moduli teorici e laboratoriali, quindi lo studente con disabilità può svolgere specifici moduli teorici o laboratoriali a scuola e parte dei moduli tecnico – professionali nelle strutture ospitanti.

Di conseguenza il percorso di formazione deve essere inserito all'interno di una programmazione idonea al raggiungimento dei risultati di apprendimento, con lo scopo di promuoverne l'autonomia, anche ai fini dell'inserimento nel mondo del lavoro progettando le esperienze in misura coerente con gli specifici bisogni.
Solo così l'esperienza di alternanza scuola lavoro potrà essere un'esperienza di inclusione sociale e non un solo atto formale.
Si concorderanno quindi individuali abilità ed autonomie del soggetto, grado di apprendimento scolastico in un contesto lavorativo "protetto" e super visionato dal tutor.
Nell'individuazione delle procedure di attuazione del percorso di Alternanza Scuola Lavoro potrà essere coinvolta anche la famiglia dell'alunno disabile.
Scopo dell'esperienza di Alternanza Scuola Lavoro è quindi:

- consolidare e concretizzare gli apprendimenti scolastici in un contesto differente;
- sperimentare ambienti extra scolastici diversi;
- vivere ed arricchire le esperienze sociali;
- sviluppare competenze ed autonomie personali e lavorative;
- acquisire maggiore consapevolezza sulle abilità e sulle autonomie raggiunte;
- favorire l'orientamento in uscita per pianificare e intraprendere percorsi del "dopo scuola";
- costruire rapporti ed alleanza con le risorse del territorio.

Al fine di consentire un approccio guidato e graduale è auspicabile che sia previsto:

- visite guidate preliminari nell'azienda, cooperativa o ente ospitante;
- prevedere un orientamento nell'ambiente in termini di conoscenza degli spazi e delle persone con cui l'alunno dovrà rapportarsi e sarà inserito;
- acquisire e far acquisire le regole proprie del contesto in cui sarà inserito;

- comprendere e far comprendere le mansioni e le attività da svolgere all'interno dei diversi processi produttivi aziendali;
- riconoscere i ruoli ed i basilari diritti e doveri dello studente equiparato alla figura del lavoratore.

2. Il contratto di lavoro e le mansioni

Il Decreto Legislativo n. 151/2015 all'articolo 6 "Modifica dell'articolo 7 della Legge 12 marzo 1999 n. 68" interviene prevedendo che ai fini dell'adempimento dell'obbligo di collocamento di persone disabili:
"... i datori di lavoro privati e gli enti pubblici economici assumono i lavoratori mediante richiesta nominativa di avviamento agli uffici competenti o mediante la stipula delle convenzioni di cui all'articolo 11. La richiesta nominativa può essere preceduta dalla richiesta agli uffici competenti di effettuare la preselezione delle persone con disabilità iscritte nell'elenco di cui all'articolo 8 che aderiscono alla specifica occasione di lavoro, sulla base delle qualifiche e secondo le modalità concordate dagli uffici con il datore di lavoro".
Con riferimento alla tipologia di rapporto di lavoro che si instaura nei casi di avvio al lavoro attraverso il collocamento obbligatorio si applicano le disposizioni che regolano il rapporto valide per la generalità dei dipendenti.
È possibile prevedere quindi il patto di prova anche se lo stesso dovrà essere rapportato al tipo di invalidità e non correlato quindi alla produttività di un soggetto valido.
L'eventuale recesso del datore di lavoro a seguito di esito negativo della prova è nullo qualora il giudizio risulti espresso in relazione allo stato di invalidità del lavoratore e non alla sua inettitudine allo svolgimento delle mansioni compatibili con la sua condizione di disabilità.
Il lavoratore disabile ha diritto alla retribuzione contrattualmente prevista al pari di tutti gli altri dipendenti.
Le mansioni affidate al lavoratore disabile devono essere compatibili con le sue minorazioni e in ogni caso non devono comportare rischi di aggravamento delle sue condizioni di salute, se ciò avvenisse il

disabile potrà richiedere che venga accertata dalla commissione medica competente la compatibilità delle mansioni, o delle nuove mansioni, assegnate con il proprio stato di salute.
L'intervento della Commissione medica competente può essere richiesto anche dal datore di lavoro al fine di accertare la possibile prosecuzione dell'impiego del lavoratore disabile per la mansione affidata.

3. L'orario di lavoro

L'articolo 33 della Legge n. 104/1992 prevede che il lavoratore disabile, assunto presso il comparto privato o pubblico, che versa in situazione di grave disabilità come accertata all'articolo 3 comma 3 della Legge n. 104/1992 possa usufruire di tre giorni di permessi mensili che posso essere frazionati come segue:

- due ore al giorno per un orario giornaliero di 6 ore;
- un'ora al giorno per un orario giornaliero inferiore alle 6 ore.

La normativa non prevede altre forme di riduzione o di rimodulazione dell'orario quali ad esempio riduzioni diverse dal part time; esonero da turni, lavoro notturno, orario spezzato a meno che tali esoneri non siano previsti con beneficio per la generalità dei lavoratori.
A forme di esonero si potrebbe quindi giungere solo qualora vi fosse un giudizio di inidoneità al lavoro notturno o allo svolgimento di turni rilasciato per esempio dalla Commissione Medica o dal Medico competente.
C'è da dire comunque che qualora l'assunzione del lavoratore disabile avvenga nell'ambito del collocamento obbligatorio il datore di lavoro deve anche valutare le capacità lavorative ed inserirle nel posto più adatto, attraverso l'analisi dei posti di lavoro.
In questa valutazione quindi si dovrà anche intervenire supportando il disabile prevedendo particolari modalità di organizzazione del lavoro e di distribuzione dell'orario stesso.
È inoltre opportuno verificare l'applicabilità delle azioni tese a favore la conciliazione tra tempi di vita e tempi di lavoro tanto auspicata in

particolar modo dalla riforma del Jobs Act tra i cui destinatari troviamo senz'altro le persone affette da disabilità.

4. Il reinserimento del lavoratore disabile a seguito infortunio o malattia professionale

Prima di approfondire le modalità atte a favorire il reinserimento del lavoratore disabile a seguito **infortunio o malattia professionale** è necessario chiarire quando si configurano queste due fattispecie e quali sono le differenze.
Secondo le linee guida dell'Inail (Istituto Nazionale Infortunio sul Lavoro) si definisce **infortunio** *ogni incidente avvenuto peer "causa violenta in occasione di lavoro" dal quale derivi la morte, l'inabilità permanente o l'inabilità assoluta temporanea per più di tre giorni.*
A differenza della malattia professionale, che andremo a definire in seguito in caso di infortunio l'evento scatenante è improvviso e violento.
Perché si possa parlare di infortunio devono quindi coesistere la causa violenta e l'occasione di lavoro.
La **causa violenta** è un fattore che opera dall'esterno nell'ambiente di lavoro con un'azione intensa e concentrata nel tempo, e presenta le seguenti caratteristiche: efficienza, rapidità ed esteriorità.
Può essere causata da sostanze tossiche, sforzi muscolari, microorganismi, virus o parassiti e da condizioni climatiche e microclimatiche.
La causa violenta agisce quindi dall'esterno danneggiando l'integrità psico fisica del lavoratore.
L'**occasione di lavoro** è un concetto diverso rispetto alle comuni categorie legate allo spazio fisico e temporale quindi può intervenire "sul posto di lavoro" o "durante l'orario di lavoro" purchè nel compimento delle funzioni tipiche del lavoratore per il quale lo stesso era stato assunto.
Si tratta in buona sostanza di tutte quelle situazioni, comprese quelle ambientali, nelle quali si svolge l'attività lavorativa e nelle quali è latente ed imminente il rischio per il lavoratore.

Il danno può essere provocato da:

- elementi dell'apparato produttivo (macchinari, attrezzature, ecc...);
- situazioni e fattori propri del lavoratore (uso non corretto del macchinario, imprudenza, ecc...);
- situazioni ricollegabili all'attività lavorativa
- Affinché si possa parlare di infortunio sul lavoro non necessariamente l'incidente deve avvenire per il lavoro ma deve sussistere un rapporto anche indiretto di causa-effetto tra l'attività lavorativa svolta dall'infortunato e l'incidente occorso allo stesso.

È definibile infortunio sul lavoro anche quello che avviene in itinere ovvero lungo il normale (più breve) percorso tra casa e lavoro e viceversa o tra un luogo e l'altro di lavoro.
Sempre secondo le indicazioni dell'Inail si definisce invece ***"malattia professionale"*** *quando si ravvisa una patologia la cui causa agisce lentamente e progressivamente sull'organismo (causa diluita e non quindi violenta e concentrata nel tempo come nel caso di infortunio).*
Si tratta quindi di malattie contratte nell'esercizio delle proprie attività lavorative e a causa delle lavorazioni rischiose.
Vi possono essere delle cause extraprofessionali, purchè queste non interrompano il nesso causale in quanto capaci di produrre autonomamente l'infermità.
La malattia professionale produce come conseguenza l'infermità in modo conclusivo o permanente.
Per la malattia professionale non basta quindi, come per l'infortunio, l'occasione di lavoro ma deve esistere un rapporto causale, o concausale, diretto tra il rischio professionale e la malattia.
Il rischio può ricondursi alla lavorazione che l'attività svolge o all'ambiente nel quale l'attività è svolta; si parla quindi di rischio ambientale.
Fatte queste premesse parliamo quindi di reinserimento quando ci troviamo di fronte ad un lavoratore che a seguito di infortunio o malattia professionale è colpito da inabilità permanente.

L'articolo 1 comma 166 della **Legge n. 190 del 23.12.2014** (Legge di Bilancio 2015) pone le basi per disciplinare il reintegro nel contesto produttivo di questi soggetti.
Il comma 166 recita testualmente:

> Sono attribuite all'Inail le competenze in materia di reinserimento e di integrazione lavorativa delle persone con disabilità da lavoro, da realizzare con progetti personalizzati mirati alla conservazione del posto di lavoro o alla ricerca di nuova occupazione, con interventi formativi di riqualificazione professionale, con progetti per il superamento e per l'abbattimento delle barriere architettoniche sui luoghi di lavoro, con interventi di adeguamento e di adattamento delle postazioni di lavoro.
> L'attuazione delle disposizioni di cui al presente comma è a carico del bilancio dell'Inail, senza nuovi o maggiori oneri per la finanza pubblica.

Conseguentemente l'Inail approva la **Determina del Presidente n. 258 del 11.07.2016** avente per oggetto "Regolamento per il reinserimento e l'integrazione lavorativa delle persone con disabilità da lavoro in attuazione dell'articolo 1, comma 166, Legge 23 dicembre 2014, n. 190".
Secondo quanto previsto dalla determina stessa l'adozione del suddetto Regolamento *"consente all'Inail di fornire risposte concrete alle aspettative di reinserimento lavorativo dei disabili da lavoro, coniugando il binomio disabilità-lavoro in termini di opportunità sia per il lavoratore che per il mondo produttivo, in linea con l'evoluzione delle tecnologie assistive, delle nuove tecniche in materia di ergonomia delle postazioni di lavoro ovvero di accessibilità digitale e architettonica e di formazione".*

L'articolo 2 del Regolamento dedicato alle "Finalità degli interventi mirati alla conservazione del posto di lavoro" prevede che:

> Gli interventi in materia di reinserimento e di integrazione lavorativa per la conservazione del posto di lavoro sono

> finalizzati a dare sostegno alla continuità lavorativa degli infortunati e dei tecnopatici prioritariamente con la stessa mansione ovvero con una mansione diversa rispetto a quella alla quale l'assicurato era adibito precedentemente al verificarsi dell'evento lesivo.

Questi soggetti possono necessitare quindi di interventi personalizzati di sostegno al reinserimento lavorativo in relazione alla menomazione e alle conseguenti limitazioni funzionali derivanti dall'evento lesivo e alle caratteristiche della lavorazione svolta.
Tali interventi sono meglio definiti dall'articolo 4 del Regolamento e possono essere così riassunti:

- interventi di superamento e di abbattimento delle barriere architettoniche nei luoghi di lavoro. In tale ambito sono compresi gli interventi edilizi, impiantistici e domotici nonché i dispositivi finalizzati a consentire l'accessibilità e la fruibilità degli ambienti di lavoro;
- interventi di adeguamento e di adattamento delle postazioni di lavoro. In tale ambito sono compresi gli interventi di adeguamento di arredi facenti parte della postazione o delle attrezzature di lavoro, ivi compresi i comandi speciali e gli adattamenti di veicoli costituenti strumento di lavoro;
- interventi di formazione. In tale ambito sono compresi gli interventi personalizzati di addestramento all'utilizzo delle postazioni e delle relative attrezzature di lavoro connessi agli adeguamenti di cui sopra e di formazione e tutoraggio utili ad assicurare lo svolgimento della stessa mansione o la riqualificazione professionale funzionale all'adibizione di altra diversa mansione.

Tutti questi interventi devono essere specificatamente individuati nell'ambito di un progetto di reinserimento lavorativo personalizzato, di cui all'articolo 6 del Regolamento, elaborato da un'equipe multidisciplinare di I livello della sede Inail territorialmente competente in relazione alla residenza del lavoratore coinvolgendo sia il datore di lavoro che il lavoratore stesso.

Le modalità di attuazione degli interventi mirati al reinserimento del lavoratore disabile sono state anche meglio definite dal Decreto Legislativo n. 151 del 14.09.2015.

5. La sicurezza del lavoratore disabile

Il diritto all'integrità fisica dei lavoratori in genere è disciplinato dalla Costituzione, dal Codice Civile e dallo Statuto dei diritti del lavoratore.

In particolare:

- la Costituzione Italiana all'articolo 32 e 41 tutela la salute non solo in quanto fondamentale diritto dell'individuo e interesse della collettività, ma anche come limite al libero esercizio dell'iniziativa economica;
- il Codice Civile, all'articolo 2087 richiama la responsabilità dell'imprenditore tenuto ad adottare le misure necessarie a tutelare l'integrità fisica e la personalità morale dei lavoratori secondo il principio della massima sicurezza tecnologicamente possibile);
- la **Legge n. 300 del 20.05.1970**, più nota come Statuto dei diritti dei lavoratori, all'articolo 9 sancisce il diritto dei lavoratori, mediante loro rappresentanze, di controllare l'applicazione delle norme per la prevenzione degli infortuni e delle malattie professionali e di promuovere la ricerca, l'elaborazione e l'attuazione di tutte le misure idonee a tutelare la loro salute e la loro integrità fisica.

La salute e la sicurezza nei luoghi di lavoro è un argomento assai delicato in quanto troppo spesso accadono incidenti che provocano inabilità temporanee o definitive o eventi mortali ai danni dei lavoratori.
A maggior ragione, essendovi già una situazione di disagio, l'attenzione alla salute alla sicurezza nei luoghi di lavoro, nel caso di assunzione di lavoratori disabili deve essere massima. Alle potenziali situazioni di rischio "ordinarie" in relazione al luogo di svolgimento

della prestazione lavorativa ed alle attrezzature o alla strumentazione utilizzata per renderla, si aggiunge infatti una situazione di "instabilità" in capo al singolo lavoratore in quanto già affetto da disabilità.
Il lavoratore disabile ha quindi ogni diritto ad occupare il proprio posto di lavoro in condizioni di sicurezza garantita.
La violazione delle norme in materia di condizione costituisce, in questa circostanza, una inosservanza delle garanzie di accessibilità indicate nelle norme vigenti in materia di abbattimento delle barriere architettoniche, laddove è previsto che vi deve essere "la comoda e sicura utilizzazione di parti e componenti" come condizione di accessibilità e laddove è specificato che deve esservi "il raccordo con le normative antincendio" nella progettazione degli spazi.
La normativa di riferimento è il **Decreto Legislativo n. 81 del 09.04.2008** e successive modifiche ed integrazioni, recante "Attuazione dell'art. 1 della L. 3 agosto 2007, n. 123 in materia di tutela della salute e della sicurezza nei luoghi di lavoro – Testo Unico sulla salute e sicurezza sul lavoro" – pubblicato in Gazzetta Ufficiale n. 101 del 30.04.20018 – Supplemento Ordinario n. 108.
Il soggetto individuato dalla normativa come responsabile della sicurezza è il datore di lavoro.
È quindi il datore di lavoro che si deve occupare di valutare e predisporre ogni accorgimento necessario al fine di assicurarla.
In particolare, dovrà redigere il Documento di Valutazione dei Rischi (D.V.R.) contenente la valutazione di tutti i rischi compresi quelli "riguardanti gruppi di lavoratori esposti a rischi particolari" rientrando tra questi soggetti le persone con disabilità.

Il D.V.R. dovrà contenere:

- la valutazione di tutti i rischi presenti nel luogo di lavoro;
- l'indicazione delle misure di prevenzione e protezione;
- l'indicazione dei dispositivi di protezione;
- il programma delle misure opportune per migliorare nel tempo i livelli di sicurezza;
- l'individuazione delle procedure per l'attuazione delle procedure.

Il datore di lavoro è chiamato anche a svolgere un particolare ruolo di formazione e di informazione continua dei lavoratori, adottando tutte le misure tecnico organizzative destinate a porre in essere i provvedimenti necessari alla gestione delle emergenze, situazioni che in presenza di personale disabile devono necessariamente essere affrontare con particolare attenzione.
L'articolo 63 del Decreto Legislativo n. 81/2008 prevede che "i luoghi di lavoro devono essere strutturati tenendo conto, se del caso, dei lavoratori disabili".
Tale indicazione normativa non deve leggersi in senso restrittivo limitandosi ad un concetto di accessibilità e quindi di barriere architettoniche fisiche, prevedendo per esempio ausili ed assistenza in caso di evacuazione rapida in presenza di emergenza ma anche nel senso dell'organizzazione del lavoro.

6. I Centri per l'impiego

I Centri per l'Impiego nell'ambito del collocamento mirato hanno un ruolo fondamentale
Hanno la funzione di fornire prestazioni alle persone con disabilità e alle imprese; sono inseriti in una rete territoriale integrata con i soggetti pubblici e privati impegnati a vario titolo a garantire il diritto al lavoro e all'inclusione sociale delle persone con disabilità.
Offrono in modo omogeneo servizi ai lavoratori ed alle aziende.
In particolare, i servizi offerti ai **lavoratori** sono:

- l'accoglienza e l'informazione sui servizi, sugli aspetti normativi, sulle opportunità e sugli incentivi offerti;
- la gestione delle pratiche amministrative relative all'iscrizione al collocamento mirato, le reiscrizioni, i trasferimenti di iscrizione, l'aggiornamento della propria posizione e le certificazioni;
- il supporto alla ricerca del lavoro (le informazioni sulle diverse modalità di avviamento e sugli strumenti di supporto all'inserimento disponibili, la consultazione dei posti di lavoro disponibili, la preselezione, l'aiuto nella stesura del curriculum;

- i servizi integrati a supporto dell'inserimento lavorativo (i colloqui di presa in carico, di informazione e consulenza orientativa sulle varie opportunità offerte, i colloqui di gruppo sulle tecniche di ricerca del lavoro, le azioni di mediazione, l'accompagnamento e il tutoraggio, l'inserimento in percorsi di tirocinio o di formazione professionale, i tirocini formativi e di orientamento.

Dall'altra parte, i servizi offerti **alle aziende** sono, a titolo di esempio:

- la consulenza ed il supporto per l'attivazione delle convenzioni di inserimento lavorativo, ed art. 11 della Legge n. 68/99;
- i servizi di supporto nella ricerca del personale con disabilità da assumere nominativamente;
- la consulenza e l'individuazione dei profili professionali più idonei all'inserimento lavorativo (con la definizione della mansione e l'analisi dell'ambiente di lavoro);
- la segnalazione di una rosa di candidati con caratteristiche idonee alle richieste di professionalità fatte dalle aziende (fase di preselezione);
- la consulenza e il supporto per l'attivazione dei tirocini;
- la consulenza per l'esonero parziale delle assunzioni obbligatorie, la compensazione territoriale, la sospensione degli obblighi;
- le informazioni e la consulenza sulle opportunità e sugli incentivi;
- gli avviamenti numerici realizzati d'ufficio nelle imprese che non coprono la quota d'obbligo.

Un successivo aspetto che va preso a riferimento è che l'impegno nella ricerca del lavoro, oltre ad essere legato alle reali condizioni di salute, è condizionato da alcune normative del welfare, che non opportunamente allineate alle politiche del lavoro, rischiano di limitare la scelta di un inserimento lavorativo.

7. Licenziabilità del lavoratore reso disabile da infortunio o malattia professionale

Premettiamo che il datore di lavoro deve porre in atto tutte le azioni affinché il lavoratore, divenuto inabile a seguito di infortunio sul lavoro o malattia professionale, possa essere dignitosamente ed operativamente reinserito nel processo produttivo, meglio se nella stessa mansione a cui era precedentemente adibito.

L'articolo 10 della Legge n. 68/1999 prevede al comma 2 che:

> Il datore di lavoro non può chiedere al disabile una prestazione non compatibile con le sue minorazioni.

Di questo ovviamente il datore di lavoro deve tener conto anche ai fini dell'adattabilità della postazione di lavoro.

Il successivo comma 3 prevede che:

> Nel caso di aggravamento delle condizioni di salute o di significative variazioni dell'organizzazione del lavoro, il disabile può chiedere che venga accertata la compatibilità delle mansioni a lui affidate con il proprio stato di salute. Nelle medesime ipotesi il datore di lavoro può chiedere che vengano accertate le condizioni di salute del disabile per verificare se, a causa delle sue minorazioni, possa continuare ad essere utilizzato presso l'azienda.
> Qualora si riscontri una condizione di aggravamento che, sulla base dei criteri definiti dall'atto di indirizzo e coordinamento di cui all'articolo 1, comma 4, sia incompatibile con la prosecuzione dell'attività lavorativa, o tale incompatibilità sia accertata con riferimento alla variazione dell'organizzazione del lavoro, il disabile ha diritto alla sospensione non retribuita del rapporto di lavoro fino a che l'incompatibilità persista. Durante tale periodo il lavoratore può essere impiegato in tirocinio formativo.

> Gli accertamenti sono effettuati dalla commissione di cui all'articolo 4 della legge 5 febbraio 1992, n. 104, integrata a norma dell'atto di indirizzo e coordinamento di cui all'articolo 1, comma 4, della presente legge, che valuta sentito anche l'organismo di cui all'articolo 6, comma 3, del decreto legislativo 23 dicembre 1997, n. 469, come modificato dall'articolo 6 della presente legge.
> La richiesta di accertamento e il periodo necessario per il suo compimento non costituiscono causa di sospensione del rapporto di lavoro. Il rapporto di lavoro può essere risolto nel caso in cui, anche attuando i possibili adattamenti dell'organizzazione del lavoro, la predetta commissione accerti la definitiva impossibilità di reinserire il disabile all'interno dell'azienda.

L'obiettivo è sicuramente quello della conservazione del posto di lavoro, possibilmente nella stessa mansione a cui era adibito prima, del lavoratore disabile a seguito di infortunio sul lavoro o malattia professionale e per garantire questo devono essere poste in essere tutta una serie di azioni che consenta oltre che un adeguamento della postazione di lavoro e delle eventuali attrezzature da utilizzare anche una attività di formazione del lavoratore stesso.
Sia al lavoratore che al datore di lavoro è garantita la possibilità di richiedere l'accertamento delle condizioni idonee a proseguire il rapporto di lavoro.
Tale accertamento è a cura della Commissione medica di cui all'articolo 4 della Legge n. 104/1992.
In caso di accertata impossibilità sopravvenuta di natura temporanea, il disabile ha diritto alla sospensione non retribuita del rapporto di lavoro per tutto il periodo di lavoro in cui persiste l'incompatibilità.
Il rapporto di lavoro potrà invece essere risolto qualora la Commissione accerti la definitiva e permanente impossibilità di reinserire il disabile all'interno dell'azienda e dopo che siano stati attuati i possibili adattamenti allo svolgimento delle proprie mansioni.
I lavoratori divenuti inabili allo svolgimento delle proprie mansioni per infortunio o malattia (art. 1 comma 7 legge n. 68/1999) e che non possono essere assegnati a mansioni equivalenti o inferiori, con la conservazione del trattamento più favorevole, sono avviati presso

altro datore di lavoro, con diritto di precedenza (e senza inserimento nella graduatoria) e assegnati a mansioni compatibili con le residue capacità lavorative.
La **Sentenza della Corte di Cassazione n. 10576 del 28.04.2017** ha stabilito che il datore di lavoro non può, però, procedere al licenziamento del lavoratore con disabilità sulla scorta del solo giudizio di inidoneità alla mansione specifica espresso dal medico competente, ribadendo che il lavoratore può essere licenziato soltanto se, a seguito dell'aggravamento accertato dalla speciale commissione integrata il lavoratore disabile non possa essere inserito in un'attività neppure adattandone l'organizzazione lavorativa.
In conclusione, il lavoratore disabile e il lavoratore reso disabile a seguito di infortunio sul lavoro o malattia professionale può essere licenziato:

- nel caso di incompatibilità accertata della sua mansione con la disabilità o con la nuova condizione fisica a seguito di infortunio sul lavoro o malattia professionale, verificato che non esistano altre mansioni assegnabili, tendo conto di tutte le posizioni lavorative esistenti nell'azienda;
- in tutti i casi e per gli stessi motivi per cui può essere licenziato il lavoratore sano, ovvero, ad esempio, motivi disciplinari, superamento del periodo di comporto, ecc…

CAPITOLO VIII

LE CONVENZIONI COME STRUMENTO PER IL COLLOCAMENTO MIRATO

SOMMARIO — 1. Le convenzioni — 2. Le convenzioni di integrazioni – 3. Le convenzioni di inserimento temporaneo – 4. La modalità di stipula delle convenzioni - 5. Adozione lavorativa a distanza – 6. Il tirocinio di Adozione a distanza – 7. L'esperienza della provincia di Lecco – 8. Autoimprenditorialità.

1. Le convenzioni

Al fine di favorire l'inserimento lavorativo dei disabili, ai sensi dell'articolo 11, della Legge n. 68/1999, i datori di lavoro possono stipulare convenzioni con gli Uffici competenti, aventi ad oggetto la determinazione di un programma mirante al conseguimento degli obiettivi occupazionali della legge sul collocamento mirato.
Nelle convenzioni, come indicato al comma 2 dell'articolo 11, Legge n. 68/1999, devono essere stabiliti sia i tempi che le modalità delle assunzioni che il datore di lavoro si impegna ad effettuare, compreso:

- la facoltà di scegliere nominativamente il soggetto (assunzione a chiamata nominativa);
- lo svolgimento di tirocini con finalità formative o di orientamento;
- l'assunzione con contratto di lavoro a termine (a tempo determinato);
- lo svolgimento di periodi di prova più ampi di quelli previsti dal contratto collettivo, purché l'esito negativo della prova, qualora sia riferibili alla menomazione da cui è affetto il soggetto, non costituisca motivo di risoluzione del rapporto di lavoro.

2. Le convenzioni di integrazione

Il Comma 4 dell'articolo 11 della Legge 68/1999 prevede che gli uffici competenti possono stipulare con i datori di lavoro convenzioni di integrazione lavorativa per l'avviamento di disabili che presentino caratteristiche e difficoltà di inserimento nel ciclo lavorativo ordinario.
Le suddette convenzioni di integrazione lavorativa sono quindi sottoscritte dai Centri per l'impiego con i datori di lavoro pubblici e privati e devono, oltre a quanto già previsto per le Convenzioni ordinarie:

- indicare dettagliatamente le mansioni attribuite al lavoratore disabile e le modalità del loro svolgimento;
- prevedere forme di sostegno, di consulenza e di tutoraggio;
- prevedere verifiche periodiche sull'andamento del percorso formativo.

3. Le convenzioni di inserimento temporaneo

L'articolo 12 della Legge 68/1999 prevede espressamente che il datore di lavoro possa stipulare una convenzione finalizzata all'inserimento temporaneo, quindi non definitivo, del disabile.

In particolare, l'articolo 12 prevede espressamente:

> 1. Ferme restando le disposizioni di cui agli articoli 9, 11 e 12 bis, gli uffici competenti possono stipulare con i datori di lavoro privati soggetti agli obblighi di cui all'articolo 3, le cooperative sociali di cui all'articolo 1, comma 1, lettera b) della legge 8 novembre 1991, n. 381 e successive modificazioni, le imprese sociali di cui al decreto legislativo 24 marzo 2006, n. 155, i disabili liberi professionisti, anche se operanti con ditta individuale, nonché con i datori di lavoro privati non soggetti all'obbligo di assunzione previsto dalla presente legge, di seguito denominati soggetti ospitanti, **apposite convenzioni finalizzate**

all'inserimento temporaneo dei disabili appartenenti alle categorie di cui all'articolo 1 presso i soggetti ospitanti, ai quali i datori di lavoro si impegnano ad affidare commesse di lavoro. Tali convenzioni non ripetibili per lo stesso soggetto, salva diversa valutazione del comitato tecnico di cui al coma 3 dell'articolo 6 del decreto legislativo 23 dicembre 1997, n. 469, come modificato dall'articolo 6 della presente legge, non possono riguardare più di un lavoratore disabile, se il datore di lavoro occupa meno di 50 dipendenti, ovvero più del 30 per cento dei lavoratori disabili da assumere ai sensi dell'articolo 3, se il datore di lavoro occupa più di 50 dipendenti.

2. La Convenzione è subordinata alla sussistenza dei seguenti requisiti:
   a) Contestuale assunzione a tempo indeterminato del disabile da parte del datore di lavoro;
   b) Computabilità ai fini dell'adempimento dell'obbligo di cui all'articolo 3 attraverso l'assunzione di cui alla lettera a);
   c) Impiego del disabile presso i soggetti ospitanti di cui al comma 1 con oneri retributivi, previdenziali e assistenziali a carico di questi ultimi, per tutta la durata della convenzione, che non può eccedere i dodici mesi, prorogabili di ulteriori dodici mesi da parte degli uffici competenti;
   d) Indicazione nella convenzione dei seguenti elementi;

      ammontare delle commesse che il datore di lavoro si impegna ad affidare ai soggetti ospitanti; tale ammontare non deve essere inferiore a quello che consente ai soggetti ospitanti di applicare la parte normativa e retributiva dei contratti collettivi nazionali di lavoro, ivi compresi gli oneri previdenziali e

assistenziali, e di svolgere le funzioni finalizzate all'inserimento lavorativo dei disabili;
i nominativi dei soggetti da inserire ai sensi del comma 1;
la descrizione del piano personalizzato di inserimento lavorativo.

3. Alle Convenzioni di cui al presente articolo si applicano, in quanto compatibili, le disposizioni dell'articolo 11, comma 7.
4. Gli uffici competenti possono stipulare con i datori di lavoro privati soggetti all'obbligo di cui all'articolo 3 e con le cooperative sociali di cui all'articolo 1, comma 1, lettera b) della legge 8 novembre 1991 n. 381, e successive modificazioni, apposite convenzioni finalizzate all'inserimento lavorativo temporaneo dei detenuti disabili.

Si tratta in buona sostanza di un accordo tra:

- Servizio competente;
- datore di lavoro che è tenuto agli obblighi di assunzione disabili;
- soggetto ospitante (cooperativa sociale, onlus, impresa sociale, disabile libero professionista anche se operante come ditta individuale, datore di lavoro privato non soggetto all'obbligo di riserva).

4. La modalità di stipula delle convenzioni

Il **Decreto del Ministero del Lavoro e della Previdenza Sociale del 30.11.1994** avente per oggetto "Approvazione dello schema-tipo di convenzione prevista dalla Legge quadro sull'handicap 5 febbraio 1992 n. 104" – pubblicato in Gazzetta Ufficiale n. 293 del 16.12.1994.
La **Conferenza Stato Regioni Unificata del 22.01.2001** tenutasi a Roma – Palazzo Chigi ha deliberato, tra l'altro, anche sulla *"Proposta di accordo tra il Ministro del Lavoro e della Previdenza Sociale, le*

Regioni e le Province autonome di Trento e Bolzano, i Comuni e le Comunità montane per la definizione di linee programmatiche per la stipula delle convenzioni di cui all'articolo 12 della Legge 12 marzo 1999, n. 68 recante: Norme per il diritto al lavoro dei disabili".
In materia di contenuto delle Convenzioni i servizi per l'impiego propongono schemi di convenzioni tipo al Comitato Tecnico e procedono successivamente, in via diretta alla stipula delle singole convenzioni di inserimento utilizzando il modello così formalizzato.
La stipula delle convenzioni è finalizzata alla progressiva copertura della quota d'obbligo dei datori di lavoro privati e pubblici che accedono al relativo piano.
La quota d'obbligo non può in alcun modo essere modificata.
Acquisito il parere del Comitato Tecnico, se necessario, il Servizio per il collocamento mirato delle persone con disabilità procederà alla stipula.
La programmazione può riguardare l'intera quota di riserva o parte di essa.
Nel caso in cui la convenzione sia stipulata con l'intento di procedere parzialmente alla copertura dei posti disponibili per i lavoratori disabili, per la restante quota il datore di lavoro utilizzerà, ai fini del totale adempimento dell'obbligo di assunzione, gli ordinari istituti previsti dalla Legge n. 68/1999.
Le Convenzioni non possono in alcun caso essere stipulate per finalità diverse da quelle di rispondere alle specifiche esigenze di inserimento graduale e personalizzato.
Può quindi essere sicuramente utilizzato tale strumento ai fini dell'adempimento dell'obbligo di assunzione dei soggetti disabili, ma non può essere utilizzato per fini diversi e a favore di soggetti diversi da quelli individuati all'articolo 18 comma 2 della Legge n. 68/1999.

5. Incentivi per la stipula delle convenzioni

In particolare, gli incentivi spettano:

- nella misura del 60% del costo salariale, per ogni lavoratore disabile che, assunto attraverso le suddette convenzioni, con rapporto di lavoro a tempo indeterminato, abbia una riduzione della capacità lavorativa superiore al 79% o minorazioni ascritte dalla prima alla terza categoria di cui alle tabelle annesse al T.U. delle norme in materia di pensioni di guerra, approvato con D.P.R. n. 915 del 23.12.1978, ovvero con handicap intellettivo e psichico, indipendente dalle percentuali di invalidità;

- nella misura non superiore al 25% del costo salariale, per ogni lavoratore disabile che, assunto sempre attraverso le suddette convenzioni, con rapporto di lavoro a tempo indeterminato, abbia una riduzione della capacità lavorativa, compresa tra il 67% e il 79% o minorazioni ascritte dalla quarta alla sesta categoria di cui alle tabelle sopracitate;
- per il rimborso forfettario parziale delle spese necessarie alla trasformazione del posto di lavoro per renderlo adeguato alle possibilità operative dei disabili con riduzione della capacità lavorativa superiore al 50% o per l'apprestamento di tecnologie di telelavoro ovvero per la rimozione delle barriere architettoniche che limitano in qualsiasi modo l'integrazione lavorativa del disabile.

Per ultimo, ma non per importanza, possono accedere, con diritto di prelazione nell'assegnazione delle risorse, al Fondo per il diritto al lavoro dei disabili, anche i datori di lavoro committenti che allo scadere delle convenzioni ex art. 12 bis della Legge n. 68/1999 assumano il lavoratore disabile con contratto a tempo indeterminato.

6. Adozione lavorativa a distanza

Abbiamo in più occasioni in questo percorso ribadito che il lavoro conferisce uno status di "normalità", aumenta l'autostima, consente una autonomia economica, integra socialmente.
Non sempre però è possibile perseguire questi obiettivi in considerazione della complessità delle patologie e quindi delle particolari caratteristiche delle disabilità.
Troppo spesso infatti le persone con disabilità complesse e quindi con difficoltà di inserimento vengono di fatto rifiutate dal mercato del

lavoro e ritenute, anche dagli stessi servizi dedicati, non candidabili per le imprese.
In queste situazioni possono intervenire le cosiddette "buone prassi"; una tra tutte l'Adozione lavorativa a distanza, rivolgendosi così a coloro che non possono essere assunti in modo "regolare" perché si trova in un particolare momento, temporaneo o definitivo, di difficoltà e di grave fragilità di diventare parte attiva della comunità.
Non si tratta di uno strumento alternativo all'assunzione di cui all'obbligo disciplinato dalla Legge 68/1999.
Tale istituto prevede che l'impresa che ricerca personale stipuli una Convenzione ex articolo 11 della Legge n. 68/1999 e sottoscriva il cosiddetto "Patto di Adozione Lavorativa a Distanza".
In questo patto l'azienda si impegna a sostenere economicamente l'integrazione di uno o più lavoratori disabili, ottemperando così agli obblighi dell'assunzione obbligatoria.
Il contributo economico, pari all'esonero ex articolo 5 della legge 68/1999) viene utilizzato per:

- la presa in carico di una persona disabile iscritta nelle liste di Collocamento mirato;
- la ricerca di un contesto di inserimento adeguato;
- gli adempimenti amministrativi e assicurativi;
- le azioni di tutoraggio;
- la Borsa lavoro a favore della persona "adottata".

L'Adozione Lavorativa a Distanza si fonda sulla presa in carico della persona, dei suoi bisogni e della sua complessità esistenziale. È una azione politica attiva che contribuisce al contenimento della spesa pubblica e da cui la comunità locale trae beneficio.
I soggetti coinvolti nell'Adozione Lavorativa a Distanza sono:

- l'azienda soggetta agli obblighi di assunzione di cui alla Legge 68/1999;
- il Servizio Collocamento Disabili;
- l'impresa ospitante;
- la persona disabile;
- i servizi sociosanitari.

Tutti i soggetti sopra indicati sono chiamati a collaborare attivamente per la realizzazione di un progetto inclusivo personalizzato.
Laddove questo strumento di inserimento lavorativo è stato adottato ha dato buoni risultati quali:

- le persone disabili coinvolte risultano integrate nella loro realtà sociale; si sentono gratificate dall'opportunità lavorativa, contribuiscono all'economia familiare e quindi si sentono autonome economicamente;
- le famiglie dei disabili ritrovano un familiare soddisfatto, motivato ed appagato;
- i servizi sociosanitari e i medici curanti misurano miglioramenti sulle condizioni psico-fisiche dei propri pazienti;
- i servizi sociali risultano sollevati da alcune incombenze e dagli oneri economici conseguenti;
- gli imprenditori diventano parte attiva di un progetto e non "subiscono" le imposizioni di legge in merito all'assunzione di personale disabile;
- il tessuto sociale diventa parte attiva in un progetto di welfare e di inclusione sociale.

7. Il tirocinio di Adozione lavorativa a distanza

Si definisce tirocinio di "Adozione lavorativa a distanza" un percorso di integrazione socio-lavorativa, attivato in accordo con un'azienda soggetta agli obblighi di assunzione di cui alla Legge 68/1999, a favore di una persona disabile con problematiche tali da non poter essere collocato in modo regolare in un contesto produttivo aziendale bensì inseribile solo in un contesto aziendale protetto con tempi e modi personalizzati.
Attraverso questo progetto vengono eliminati gli impedimenti di natura ambientale e relazionale connessi all'attività lavorativa, conseguentemente anche le persone affette da gravi disabilità, in particolare psichiche o intellettive, possono accedere al mondo del lavoro, attraverso percorsi di accompagnamento.

8. L'esperienza della Provincia di Lecco

L'adozione lavorativa a distanza e i tirocini nell'ambito di tale progetto ha avuto un riscontro particolarmente positivo nella Provincia di Lecco.

Il lavoratore disabile viene regolarmente iscritto al Collocamento Disabili della Provincia, in possesso di Verbale rilasciato dall'apposita Commissione Asl ai sensi della Legge n. 104/1992 e considerato dal Comitato Tecnico di cui all'articolo 8 comma 1 bis della Legge 68/1999 non inseribile secondo le consuete procedure di legge.

Le aziende, al fine di poter accedere ai "tirocini di adozione lavorativa" devono precedentemente stipulare una Convenzione ai sensi dell'art. 11 della Legge 68/1999.

L'Ufficio deve aver preventivamente verificato che non esistano al momento altri istituti (esoneri, convenzioni, compensazioni) che consentano di assolvere agli obblighi di legge.

L'Ufficio dovrà individuare un contesto lavorativo protetto idoneo (cooperative sociali, onlus, aziende pubbliche o private) in grado di garantire lo sviluppo di un progetto di integrazione socio – lavorativa.

L'azienda attraverso il "tirocinio di adozione lavorativa a distanza", potrà conteggiare il lavoratore ai fini della copertura della quota di riserva per tutta la durata del progetto.

La stessa azienda dovrà erogare un corrispettivo annuo complessivo di € 6.500,00 da versarsi in due rate semestrali anticipate.

Tale contributo verrà utilizzato per l'erogazione della Borsa Lavoro a favore del tirocinante, dei costi delle azioni di tutoraggio, degli oneri derivanti dal tirocinio (RC, Inail, Irap, ecc…).

L'Ufficio predisporrà apposito progetto personalizzato di accompagnamento al lavoro nel quale verranno precisati:

- i dati del lavoratore;
- le finalità del tirocinio;
- il contesto produttivo di inserimento e le relative mansioni;
- il tutor di riferimento del Servizio;
- il tutor aziendale;
- l'entità della Borsa Lavoro.

Il tirocinio di Adozione lavorativa a distanza avrà una durata massima di 12 mesi, rinnovabili.
In caso di interruzioni per cause non imputabili all'Azienda il Servizio potrà proporre un altro candidato.
Il tirocinio potrà essere interrotto qualora si presentasse all'Azienda l'opportunità di una assunzione regolare di un lavoratore disabile.
Il tirocinante continuerà comunque a svolgere il proprio tirocinio nella ditta affidataria senza alcuna interruzione in quanto l'Ufficio si impegna ad individuare un'altra azienda che si farà carico della conclusione del progetto di adozione.

9. Autoimprenditorialità

Con il termine autoimprenditorialità, dettagliatamente definito dal Decreto Legislativo n. 185 del 21.04.2000 recante "Incentivi all'autoimprenditorialità e all'autoimpiego, in attuazione dell'articolo 45, comma 1, della Legge 17 maggio 1999, n. 144" – pubblicato in Gazzetta Ufficiale n. 156 del 06.07.2000 e modificato dal Decreto Legge n. 145/2013 convertito dalla Legge n. 9/2014, si intende la capacità di creare e sviluppare iniziative e imprese, le quali amplieranno la base produttiva e occupazionale.
Nel quadro normativo attuale sono incentivate le idee imprenditoriali create, in particolare, nelle aree economicamente svantaggiate.
Sono state adottate inoltre misure specifiche per favorire l'imprenditoria femminile e giovanile, nonché particolari settori come quello agricolo e sociale ma anche con un particolare sguardo alle persone affette da disabilità.
Le misure di sostegno che vengono offerte sono sia di tipo economico sia intellettuale, tramite il supporto professionale nelle varie fasi di avvio della nuova impresa.
Non sempre quando si parla di opportunità di lavoro e disabilità si deve necessariamente pensare al lavoro subordinato; tutt'altro in molti contesti la possibilità di inserimento lavorativo, di espressione delle proprie capacità e creatività, la conciliazione con i propri tempi, i propri limiti trova maggior spazio nella cosiddetta autoimprenditorialità.

Franco Bettoni, presidente dell'Anmil (Associazione Nazionali Militanti Infortuni sul Lavoro), afferma che "... *l'autoimprenditorialità, quando adeguatamente sostenuta, possa creare nuove e importanti opportunità di accesso la mondo del lavoro, ma è basilare accompagnare ogni iniziativa con una adeguata attività di formazione che dia alla persona le basi necessarie per affrontare e portare a termine un percorso di inserimento e di auto-occupazione...*"
Il lavoro per le persone con disabilità non deve essere necessariamente ed esclusivamente lavoro dipendente e non si esaurisce nell'ambito del collocamento mirato.
Da un punto di vista normativo, la più volte citata Legge n. 104/1992 apre la strada a questa forma professionale prevedendo, al suo articolo 18 comma 6, punto a) che: *"Le regioni possono provvedere con proprie leggi:*

- *a disciplinare le agevolazioni alle singole persone handicappate per recarsi al posto di lavoro e per l'avvio e lo svolgimento di attività lavorative autonome".*

La legislazione regionale può quindi prevedere opportunità a sostegno dell'autoimpiego (nei settori del commercio, dell'artigianato, delle libere professioni, ecc...) stimolando anche forme di sostegno finanziario come "il prestito d'onore".
Le cooperative sociali a cui abbiamo dedicato l'intero capitolo sono sicuramente uno degli strumenti più adatti a consentire l'autoimprenditorialità.
Di interesse ai fini del coinvolgimento delle persone disabili nelle attività imprenditoriali sono le start up (ovvero nuove imprese nelle forme di organizzazione temporanea o una società di capitali in cerca di soluzioni organizzative e strategiche che siano ripetibili e possono crescere indefinitamente.
Queste nuove forme di imprese, start up, soprattutto quelle che si basano sull'innovazione tecnologica, nascono per colpare un vuoto di servizi e di beni oppure per migliorare quelli già esistenti.
Il tema dell'autoimprenditorialità non è solo un tema italiano ma interessa e coinvolge l'intera collettività europea fissando gli obiettivi nel Piano di Azione Imprenditorialità 2020, che punta ad un'Europa

più competitiva e maggiormente inclusiva, in crescita economica e con piena occupazione.
L'autoimprenditorialità rappresenta uno degli strumenti di politica attiva capaci di produrre un effetto moltiplicatore in termini di creazione di posti di lavoro.
Il Piano di Azione Imprenditorialità 2020 individua alcuni ambiti chiave d'intervento:

- accesso semplificato ai finanziamenti;
- sostegno nelle fasi cruciali del ciclo vitale dell'impresa;
- sviluppo delle nuove opportunità imprenditoriali dell'era digitale;
- agevolazione del trasferimento di imprese;
- seconda opportunità per gli imprenditori onesti dopo un fallimento;
- semplificazione amministrativa;
- coinvolgimenti di donne, migranti, disoccupati e giovani.

Le misure di supporto alla creazione di impresa e all'autoimpiego sono diventate centrali anche nella programmazione del Fondo Sociale Europeo (F.S.E.), per le cui azioni di intervento di rinvia all'apposito capitolo.

CAPITOLO IX

LE BUONE PRASSI

SOMMARIO — 1. Le buone prassi: cosa sono – 2. La Responsabilità Sociale d'Impresa (R.S.I.) – 3. Gli interventi istituzionali: le politiche del lavoro e le politiche sociali.

1. Le buone prassi: cosa sono

L'inserimento lavorativo delle persone disabili è caratterizzato da difficoltà oggettive. C'è bisogno di una maggiore sensibilità e attenzione da parte del contesto ospitante; spesso è anche necessario superare le resistenze ed i pregiudizi dell'ambiente di inserimento nonché anche degli stessi familiari dei disabili che possono ritenere la collocazione del proprio parente non idonea.

Può essere importante attivare tutta una serie di servizi di sostegno che consentano una positiva integrazione e quindi lavorare in simbiosi con gli operatori dei servizi di inserimento lavorativo.

Vi deve essere una attenzione particolare che non deve però sfociare in assistenzialismo. La persona disabile ha bisogno di sentirsi parte attiva nel contesto lavorativo; questo consente in qualche modo un inserimento in un contesto di normalità che fa sentire "importante" il lavoratore disabile non solo in quanto destinatario di particolari attenzioni, accoglienze o cure ma in quanto "risorsa attiva".

Per ottenere tutto ciò è necessario lavorare in team. Ognuno deve fare la sua parte:

- **il datore di lavoro** deve aver ben chiara la normativa da applicare, le agevolazioni a cui ha diritto e tutte le iniziative su cui può contare per favorire l'inserimento.
- **il lavoratore disabile** deve poter contare sulla chiarezza della normativa, sulle indicazioni e suggerimenti per trovare lavoro, sulle prassi di iscrizione ad un centro per l'impiego, sulla modalità più efficace per scrivere un curriculum e per sostenere un colloquio di lavoro, per valorizzare le proprie competenze, potenzialità e capacità;

- **i colleghi lavoratori** devono aver la consapevolezza della disabilità dei propri colleghi così da essere adeguatamente informati su come rapportarsi riducendo le distanze, non solo fisiche ma anche mentali e dissipando i pregiudizi.

Le buone prassi sono quindi definibili come quel complesso di azioni messe in atto da Comuni, Province, Regione ed in senso più ampio da ogni singolo Stato Membro dell'Unione Europea allo scopo di promuovere l'inclusione sociale ed economica della persona disabile.
Possono comprendere procedure, soluzioni, servizi e processi finalizzati ad un reale miglioramento del contesto in cui le stesse vengono elaborate in termini di efficacia, efficienza e sostenibilità.
Importante è la fase di scambio delle buone prassi tra i vari paesi tenendo conto anche della diversa localizzazione geografica, della diversa storia, economia e cultura.
Tutti gli Stato dell'Unione Europea adottano misure volte a incoraggiare o a favorire l'inserimento professionale dei disabili.
La modalità operativa varia in base agli stati seppure attenendosi almeno a queste indicazioni:

- sensibilizzare maggiormente ed informare in maniera puntuale i datori di lavoro sul tema della disabilità;
- migliorare la diffusione delle informazioni per i datori di lavoro in relazione all'aggiornamento del quadro normativo e le azioni di sostentamento e di favore dell'inserimento professionale del disabile;
- indispensabilità delle organizzazioni di intermediazione specializzate nel collocamento delle persone disabili.

Uno dei più importanti database delle buone prassi è quello istituito presso la Fondazione europea per il miglioramento delle condizioni di vita e di lavoro relativo ai servizi di orientamento per l'occupazione "Eurofound", la cui attività è visitabile ed accessibile presso il sito www.eurofound.europa.eu".
Il database descrive le iniziative riguardanti l'occupabilità delle persone con disabilità o malattie croniche, appartenenti a 16 Stati dell'Unione Europea e più precisamente: Belgio, Estonia, Finlandia,

Francia, Germania, Grecia, Ungheria, Irlanda, Italia, Lituania, Polonia, Olanda, Portogallo, Slovenia, Svezia e Regno Unito.
Lo scopo è quello di ottenere una mappatura quanto più possibile completa a livello europeo favorendo così l'incontro tra la domanda del contesto lavorativo e la persona disabile da inserire.

2. La Responsabilità Sociale d'Impresa (R.S.I.)

Con il termine Responsabilità Sociale d'Impresa (RSI) si indica una nuova modalità di organizzazione aziendale, che considera nella definizione delle strategie, nella declinazione delle politiche e nei comportamenti di gestione quotidiani gli interessi dei propri stakeholder e gli impatti prodotti sia a livello economico, che ambientale e sociale.
Nell'ambito di questa organizzazione aziendale la ricerca del profitto, le ricerche di mercato e le esigenze di produzione dovrebbero coniugarsi con l'etica negli affari, lo sviluppo compatibile, la coesione sociale e quindi, l'inclusione non solo delle risorse umane forti ma anche di quelle deboli, pertanto dovrebbe perseguire l'obiettivo di garantire l'inserimento dei soggetti affetti da disabilità.
Gli ambiti e le azioni riconducibili alla "inclusione sociale di persone svantaggiate" possono essere così individuati:

- l'ospitalità formativa (moduli osservativi, stage, tirocini formativi);
- la produzione dedicata (nuclei aziendali / rami d'impresa, commesse di lavoro in favore di cooperative sociali di tipo b);
- l'occupazione realizzata (ad incarico, a contratto di lavoro dipendente, ecc..);
- gli adattamenti organizzativi per favorire l'integrazione lavorativa (flessibilità negli orari di lavoro,
- riconfigurazione di processi produttivi, adattamenti ergonomici delle postazioni, ecc…);
- il supporto consulenziale e formativo ai tutor aziendali
- il monitoraggio valutativo della qualità delle condizioni lavorative dei lavoratori svantaggiati e non;

- i servizi offerti in azienda (supporti economici, agevolazioni per il raggiungimento del posto di lavoro, mensa, ecc…);
- la partecipazione a programmi pubblici di inclusione sociale;
- i conferimenti solidaristici.

3. Gli Interventi istituzionali

Per quanto attiene gli interventi istituzionali scende in campo il Ministero del Lavoro e delle Politiche Sociali operando seppure in due ambiti distinti in stretta connessione e complementarità.
Da una parte vi sono le cosiddette **Politiche del lavoro**: il Ministero detta gli indirizzi generali per l'attuazione della normativa sull'inserimento lavorativo delle persone con disabilità.
Il Ministero pone in atto le seguenti attività:

- indirizza e coordina le politiche per l'inserimento lavorativo e l'inclusione attiva delle persone con disabilità e delle persone con bisogni complessi;
- attua la disciplina per il diritto al lavoro delle persone con disabilità e per il collocamento delle persone non vedenti;
- relazione ogni due anni al Parlamento sullo stato di attuazione delle norme per il diritto al lavoro delle persone con disabilità;
- effettua l'iscrizione all'Albo Professionale nazionale dei massofisioterapisti non vedenti e ne certifica l'iscrizione;
- aggiorna l'Albo Professionale dei terapisti della riabilitazione non vedenti articolato a livello regionale e ne certifica l'iscrizione;
- certifica l'iscrizione all'Albo Professionale Nazionale dei centralinisti telefonici non vedenti, soppresso dal 24.09.2015 per effetto delle disposizioni contenute nel Decreto Legislativo n. 151/2015.

Dall'altra parte vi sono le cosiddette **Politiche sociali:** laddove il Ministero tutela e promuove diritti e pari opportunità per le persone disabili e non autosufficienti.

Gli interventi in ambito di politiche sociali sono volti al raggiungimento della piena inclusione sociale delle persone disabili e non autosufficienti. Si cerca quindi di rimuovere le cause che impediscono o limitano l'accesso ai diversi ambiti della vita delle persone, tra questi in primo piano il lavoro in quanto strumento idoneo per garantire una autonomia economica ed una realizzazione da un punto di vista umano e professionale. Tali iniziative sono definite anche in attuazione della normativa nazionale e degli impegni assunti in sede comunitaria ed internazionale (Ricordiamo l'importanza della Convenzione Onu sui diritti delle persone con disabilità).

Vengono quindi poste in atto attività con l'obiettivo di:

- sostenere e coordinare progetti e iniziative per l'inclusione delle persone disabili e non autosufficienti, promuovere l'accesso e la partecipazione attiva anche al fine di diffondere una nuova cultura della disabilità, fondata sul riconoscimento della pari dignità e delle pari opportunità per tutti;
- assicurare la piena attuazione della normativa in materia di disabilità, anche nel quadro delle linee di intervento contenute nel Programma di azione nazionale;
- curare la segreteria tecnica dell'Osservatorio nazionale sulla condizione delle persone con disabilità;
- fornire supporto informativo a istituzioni, organizzazioni e cittadini;
- curare le attività volte a predisporre iniziative legislative e a promuovere analisi e rapporti sul tema;
- assicurare il raccordo con le organizzazioni rappresentative delle persone con disabilità, con le organizzazioni di volontariato, delle parti sociali e con le formazioni della cittadinanza attiva per promuovere e coordinare gli interventi in favore delle persone disabili e non autosufficienti;
- favorire lo scambi di buone pratiche, anche in raccordo con le Regioni e gli Enti locali;
- partecipare alle attività promesse in sede comunitaria e internazionale nel campo della disabilità e della non autosufficienza anche in collaborazione con le competenti istituzioni di altri Paesi.

CAPITOLO X

LE COOPERATIVE SOCIALI

SOMMARIO — 1. Normativa di riferimento – 2. Le cooperative sociali.

1. Normativa di riferimento

L'articolo 2520 del Codice Civile disciplina le Cooperative sociali prevedendo in particolar modo che:

> Le cooperative regolate dalle leggi speciali sono soggette alle disposizioni del presente articolo, in quanto compatibili.
> La legge può prevedere la costituzione di cooperative destinate a procurare beni o servizi a soggetti appartenenti a particolari categorie anche di non soci.

Tale testo è il frutto delle modifiche introdotte in materia di cooperative dall'articolo 8 del **Decreto Legislativo n. 6 del 17.01.2003** recante "Riforma organica della disciplina delle società di capitali e società cooperative, in attuazione della Legge 3 ottobre 2001, n. 366" – Pubblicato in Gazzetta Ufficiale n. 17 del 22.01.2003 – Supplemento Ordinario n. 8, più noto come Riforma del Diritto Societario.
Altro pilastro importante è la Legge n. 381 del 08.11.1991 che si occupa della "Disciplina delle cooperative sociali".
L'introduzione della suddetta legge ha apportato importanti novità nel panorama normativo del terzo settore, a favore di quegli enti che accanto all'attività istituzionale intendono svolgere anche una attività di natura commerciale.
Le cooperative sociali sono un particolare tipo di società cooperativa.
La normativa che regola le Cooperative sociali è stata recentemente riformata dal **Decreto Legislativo n. 112 del 03.07.2017** avente per oggetto "Revisione della disciplina in materia di impresa sociale, a norma dell'articolo 2, comma 2, lettera c) della Legge 6 giugno 2016 n. 106" – pubblicato in Gazzetta Ufficiale n. 167 del 19.07.2017.

Le novità introdotte dal predetto Decreto Legislativo agiscono, con riferimento alle cooperative sociali nella misura in cui non sono incompatibili con quanto previsto dalla Legge n. 381 del 1991, come modificato ai sensi dell'articolo 17 comma 1 del Decreto Legislativo 112/2017.
Le cooperative sociali sono considerate di diritto a mutualità prevalente ai sensi degli articoli 2513 e 2514 del Codice Civile.
Le cooperative sociali sono state altresì oggetto di importanti modifiche a seguito dell'approvazione della cosiddetta Riforma del Terzo Settore, per effetto del **Decreto Legislativo n. 117 del 03.07.2017** "Codice del Terzo settore, a norma dell'articolo 1, comma 2, lettera b) della Legge 6 giugno 2016, n. 106" – pubblicato in Gazzetta Ufficiale n. 179 del 02.08.2017 – Supplemento Ordinario n. 43 ed entrato in vigore il 03.08.2017.
In considerazione di ciò a tutti gli effetti le cooperative sociali sono Enti del Terzo Settore.
In particolar modo l'articolo 5 "Attività di interesse generale" del Decreto Legislativo n. 117 del 03.07.2017 alla lettera "P" prevede che le imprese sociali (di cui le cooperative sociali fanno parte" si pongano come obiettivo, tra l'altro, anche l'attività di:

> "servizi finalizzati all'inserimento o al reinserimento nel mercato del lavoro dei lavoratori e delle persone di cui all'articolo 2, comma 4, del Decreto Legislativo recante revisione della disciplina in materia di imprese sociali di cui all'articolo 1, comma 2, lettera c), della Legge 6 giugno 2016, n. 106…"

2. Le cooperative sociali

Le cooperative sociali sono imprese che nascono con lo scopo di perseguire l'interesse generale della comunità alla promozione, umana e all'integrazione sociale dei cittadini ai sensi di quanto previsto dall'articolo 1 della Legge n. 391/1991.
Al fine di perseguire il suddetto scopo le cooperative sociali gestiscono servizi sociosanitari ed educativi, oppure attività di vario

genere finalizzate all'inserimento nel mercato del lavoro di persone svantaggiate.
Si tratta di un fenomeno particolarmente in espansione in vari Stati, soprattutto in Italia.
Si individuano due tipi di cooperative sociali:

- **cooperative sociali di tipo "A":** gestiscono servizi sociali come centri di aggregazione per ragazzi, centri sociali per anziani, case-famiglia, centri sanitari e centri educativi (centri educativi per ragazzi, ludoteche, ecc...). Questa attività può avvenire sia direttamente, sia in convenzione con Enti pubblici.
- **cooperative sociali di tipo "B":** svolgono attività produttive finalizzate all'inserimento nel mondo del lavoro delle persone con svantaggi fisici o psichici, le ragazze madri, ex detenuti, ex tossicodipendenti, ecc...

  Questo tipo di cooperative sociali possono svolgere qualsiasi attività di impresa (agricola, industriale, artigianale, commerciale e di servizi) con l'obiettivo di destinare almeno il 30% dei post di lavoro così creati a persone svantaggiate, altrimenti escluse dal mercato del lavoro.

  Le persone disabili devono costituire, almeno il 30% della compagine sociale: le quote contributive dovute per la loro assicurazione obbligatoria sono ridotte a zero.

  Sono imprese a tutti gli effetti che mettono a disposizione servizi e personale specializzato, oltre ad effettuare inserimenti lavorativi di soggetti svantaggiati in strutture con caratteristiche imprenditoriali.

  Questo modello imprenditoriale risponde ai bisogni ed alle esigenze espressi da cittadini svantaggiati sia in ambito lavorativo che di partecipazione attiva nella società.

Le cooperative sociali si sono rivelate uno strumento indispensabile per consentire la sperimentazione di nuovi modelli di autoimprenditorialità e di inserimento lavorativo delle persone disabili o comunque svantaggiate.

Hanno cercato di progettare un nuovo modello di impresa che ponesse al centro la risorsa umana, sperimentando nuove strategie che consentissero l'inserimento lavorativo delle persone disabili o in significativa condizione di disagio nella realizzazione di prodotti e di servizi finalizzati alla utilità sociale e al miglioramento della qualità di vita per tutti.

CAPITOLO XI

DISABILITA' E CONCORSI PUBBLICI

SOMMARIO — 1. La partecipazione ai concorsi pubblici da parte delle persone disabili 2. – Il diritto di riserva — 3. Il diritto di precedenza.

1. La partecipazione ai concorsi pubblici da parte delle persone disabili

Ai sensi dell'articolo 16, comma 1, della Legge 68/1999, le persone appartenenti alle categorie protette hanno diritto di partecipare a tutti i concorsi pubblici per l'accesso a ruoli nella pubblica amministrazione, banditi da qualsiasi amministrazione.
A tale fine la normativa sopra indicata prevede che "i bandi di concorso prevedono speciali modalità di svolgimento delle prove di esame per consentire ai soggetti suddetti di concorrere in effettive condizioni di parità con gli altri".
Hanno inoltre diritto a partecipare ai cosiddetti "concorsi riservati".
Vi son alcune deroghe e limitazioni alla partecipazione delle persone iscritti nelle categorie protette ai concorsi pubblici, ovvero ai concorsi per:

- partiti politici, organizzazioni sindacali, organizzazioni che, senza scopo di lucro, operano nel campo della solidarietà sociale, dell'assistenza e della riabilitazione. In questo caso la quota di riserva si computa esclusivamente al personale tecnico esecutivo, svolgente funzioni amministrative (di cu al comma 3 dell'articolo 3 della Legge n. 68 del 12.03.1999);
- servizi di polizia, protezione civile e difesa nazionale. In questo caso il collocamento dei disabili è previsto solo con riferimento ai servizi amministrativi (di cui al comma 4 dell'articolo 3 della Legge n. 68 del 12.03.1999).

Tutti i concorsi pubblici, compresi quelli riservati esclusivamente alle persone appartenenti alle categorie protette, sono pubblicati sulla

Gazzetta Ufficiale, IV serie speciale "Concorsi ed esami" o sul Burc delle Regioni.
Per favorire la partecipazione ai concorsi da parte delle persone disabili, alcuni siti dedicati alla disabilità pubblicano, con costante aggiornamento l'elenco dei concorsi pubblicati.
Ai fini della partecipazione ai concorsi pubblici le persone disabili, oltre ai dati comunemente richiesti nelle domande, dovranno indicare espressamente anche:

- la percentuale di invalidità;
- la categoria di appartenenza.

Nella domanda di partecipazione dovranno altresì indicare anche se hanno necessità di essere assistiti durante le prove scritte, specificando il tipo di ausilio necessario con riferimento al proprio handicap e l'eventuale necessità di riconoscimento di un maggior tempo per lo svolgimento della prova scritta.
In questo particolare caso l'apposita certificazione rilasciata dalla competente struttura sanitaria, in originale o in copia semplice resa conforme all'originale, che di prassi correda la domanda di partecipazione dovrà contenere anche l'attestazione della necessità di assistenza in sede di concorso; giusto quanto previsto dall'articolo 20 della Legge n. 104/1992.
Può succedere che il bando di concorso pubblico preveda una prova preselettiva.
In tal caso, ai sensi dell'articolo 25, comma 9, del **D.L. n. 90 del 24.06.2014**, convertito con modificazione dalla **Legge n. 114 del 11.08.2014** è previsto (comma 2 articolo 20 della Legge 104/1992 inserito dalla citata normativa) che nel caso di partecipante affetto da invalidità uguale o superiore all'80% la prova preselettiva non sia da quest'ultimo sostenuta.
Infine, con riferimento ai bandi di concorso per inserimento nella pubblica amministrazione il disabile partecipante deve comunque possedere l'idoneità fisica per la singola funzione da esercitare.
A tal fine potrà essere richiesta una apposita certificazione da parte della commissione medica competente che attesti l'idoneità fisica allo svolgimento delle mansioni proprie del posto da ricoprire oppure la

compatibilità delle residue capacità lavorative con le specifiche mansioni da svolgere.
L'articolo 20 della Legge n. 104/1992 prevede le modalità da parte dei diversamente abili di partecipazione e di sostenimento delle prove ai concorsi pubblici.

In particolare, prevede che:

1. la persona handicappata sostiene le prove d'esame nei concorsi pubblici e per l'abilitazione alle professioni con l'uso degli ausili necessari in relazione allo specifico handicap.
2. Nella domanda di partecipazione al concorso e all'esame per l'abilitazione alle professioni il candidato specifica l'ausilio necessario in relazione al proprio handicap, nonché l'eventuale necessità di tempi aggiuntivi.

2bis la persona handicappata affetta da invalidità uguale o superiore all'80% non è tenuta a sostenere la prova preselettiva eventualmente prevista

2. Il diritto di riserva

Con il termine "diritto di riserva" si intende il numero minimo di posti che il datore di lavoro deve riservare ai lavorati con disabilità certificata ai sensi dell'articolo 3 della Legge n. 104/1992.
In particolare, come abbiamo già peraltro detto nel capito destinato alla definizione di collocamento mirato, i datori di lavoro devono assumere persone disabili nelle seguenti quote, asi sensi dell'articolo 1 della Legge n. 68/1999:

- aziende da 15 a 35 dipendenti: 1 lavoratore;
- aziende da 36 a 50: 2 lavoratori;
- aziende con oltre 50 dipendenti: 7% dei lavoratori occupati.

La determinazione del numero dei soggetti disabili da assumere è data dal computo, tra i dipendenti in forza, di tutti i lavoratori assunti con contratto di lavoro subordinato.

Non sono computabili i lavoratori:

- occupati con contratto a tempo determinato di durata inferiore a 6 mesi;
- disabili;
- soci di cooperative di produzione e lavoro;
- dirigenti;
- assunti con contratto di inserimento;
- occupati con contratto di somministrazione presso l'utilizzatore;
- assunti per attività da svolgersi all'estero per la durata di tale attività;
- impegnati in lavori socialmente utili;
- lavoratori a domicilio;
- aderenti al "programma di emersione";
- apprendisti;
- con contratto di formazione-lavoro;
- con contratto di reinserimento.

3. Il diritto di precedenza

Con tale termine si intende il diritto, a parità di punteggio conseguito a seguito di prove superate di avanzare nella graduatoria.
In particolare, nei concorsi e nelle selezioni pubbliche, ai sensi dell'articolo 5 comma 4, del D.P.R. n. 487/1994 e successive modifiche ed integrazioni hanno precedenza, a parità di merito, le seguenti categorie:

1) insegniti di medaglia al valor militare;
2) mutilati ed invalidi di guerra ed ex combattenti;
3) mutilati ed invalidi per fatto di guerra;
4) mutilati ed invalidi per servizio nel settore pubblico e privato;
5) orfani di guerra;
6) orfani di caduti per fatto di guerra;
7) orfani di caduti per servizio nel settore pubblico e privato;
8) feriti in combattimento;

9) insigniti di croce di guerra o di altra attestazione speciale di merito di guerra, nonché i capi di famiglia numerose;
10) figli di mutilati e degli invalidi ex combattenti;
11) figli di mutilati e degli invalidi per fatto di guerra;
12) figli di mutilati e degli invalidi per servizio nel settore pubblico e privato;
13) genitori vedovi non rispostati, i coniugi non rispostati, le sorelle e i fratelli vedovi o no sposati dei caduti in guerra;
14) genitori vedovi non rispostati, i coniugi non rispostati, le sorelle e i fratelli vedovi o non sposati dei caduti per fatto di guerra;
15) genitori vedovi non rispostati, i coniugi non rispostati, le sorelle e i fratelli vedovi o non sposati dei caduti per servizio nel settore pubblico o privato;
16) coloro che abbiano prestato servizio militare come combattente;
17) coloro che abbiano prestato lodevole servizio a qualunque titolo, per non meno di un anno, nell'amministrazione che ha indetto il concorso,
18) coniugati e non coniugati con riguardo al numero dei figli a carico;
19) invalidi e mutilati civili;
20) militari volontari delle Forze armate congedati senza demerito al termine della ferma o rafferma.

A parità di merito e di titoli la preferenza è stabilita in funzione di:

a) dal numero di figli a carico, indipendentemente dal fatto che il candidato sia coniugato o meno;
b) dall'aver prestato lodevole servizio nelle amministrazioni pubbliche;
c) dalla maggiore età.

Per usufruire della preferenza non è necessario lo stato di disoccupazione e l'iscrizione al centro per l'impiego.

CAPITOLO XII

LE SANZIONI IN CASO DI VIOLAZIONE DEL COLLOCAMENTO MIRATO

SOMMARIO — 1. Le violazioni — 2. Le sanzioni.

1. Le violazioni

Gli articoli 9 e 10 della Legge n. 68/1999 individuano gli obblighi a cui il datore di lavoro deve adempiere in materia di collocamento obbligatorio.
Trattandosi di adempimenti obbligatori la loro violazione implica l'applicazione di sanzioni per le quali dedicheremo il paragrafo n. 2 del presente capitolo.
In particolare, il datore di lavoro deve:

1) entro 60 giorni dall'insorgenza dell'obbligo di assunzione presentare apposita richiesta di assunzione di lavoratori disabili. Tale assunzione potrà essere numerica o nominativa a seconda dei casi – articolo 9 comma 1;
2) entro il 31.01 di ciascun anno presentare un prospetto informativo (riepilogativo) contenente nel dettaglio le informazioni specificatamente indicate dal D.I. del 02.11.2010 con riferimento allo stato occupazionale aggiornato al 31.12 dell'anno precedente a quello in cui si effettua la denuncia – articolo 9 comma 6;
3) entro 10 giorni dalla cessazione del rapporto di lavoro con un disabile, comunicare la cessazione stessa, affinchè si possa procedere all'avviamento di un altro lavoratore disabile in sostituzione – articolo 10 comma 5 Legge 68/1999;
4) versare al Fondo Regionale per l'occupazione dei disabili il contributo di esonero per ciascun disabile non assunto per ogni giorno lavorativo. A tale adempimento sono obbligate le aziende che possono scegliere di avvalersi del regime di esonero parziale – Articolo 5 commi 3-7.

2. Le sanzioni

Le sanzioni in materia di violazione degli obblighi legati al collocamento obbligatorio sono disciplinate dal Capo V "Sanzioni e disposizioni finali e transitorie" – articolo 15 (Sanzioni) della Legge n. 68/1999.

Qualora nel corso dell'attività ispettiva si accertino delle violazioni queste saranno oggetto intimazione alla regolarizzazione e di sanzione amministrativa.

Il trasgressore potrà regolarizzare le violazioni accertate entro il termine di 30 giorni dalla notifica del verbale.

La puntuale regolarizzazione delle violazioni consente l'accesso alle sanzioni in forma ridotta.

Il Decreto Legislativo n. 185/2016 in attuazione del Jobs Act ha previsto un inasprimento delle sanzioni in caso di accertata violazione degli obblighi riferibili al collocamento mirato per cause a lui imputabili.

Vediamo nello specifico:

Mancata assunzione:

In caso di mancata assunzione secondo le modalità richiamate all'articolo 9 comma 1 entro 60 giorni dal momento in cui sorge l'obbligo di assunzione, si dispone l'obbligo, per gli uffici competenti, di avviare i lavoratori secondo l'ordine di graduatoria per la qualifica richiesta o altra specificamente concordata con il datore di lavoro sulla base delle qualifiche disponibili.

Gli uffici possono altresì procedere anche previa chiamata con avviso pubblico e con graduatoria limitata a coloro che aderiscono alla specifica occasione di lavoro.

Per questa violazione il Decreto Legislativo n. 185/2016 ha previsto un elevamento delle sanzioni amministrative relative alla mancata copertura delle quote di riserva entro i termini previsti dalla legge (60 giorni dall'insorgenza dell'obbligo), con la determinazione dell'importo in un multiplo della misura del contributo esonerativo di cui all'articolo 5, comma 3, della Legge n. 68/1999; più precisamente, il datore di lavoro, in base alla novella è tenuto a versare (al Fondo regionale per l'occupazione dei disabili) una somma pari a 5 volge la misura del contributo esonerativo (€ 30,64), pertanto la sanzione di €

153,20 per ogni giorno e per ogni lavoratore non assunto in luogo della precedente sanzione di € 62,77 al giorno per ogni lavoratore non assunto.
La violazione è sanabile e ad essa si applica l'istituto della diffida obbligatoria.
Inoltre, l'articolo 9, comma 8, della Legge 68/1999 prevede che *"...Qualora l'azienda rifiuti l'assunzione del lavoratore invalido ai sensi del presente articolo, la direzione provinciale del lavoro redige un verbale che trasmette agli uffici competenti ed all'autorità giudiziaria"*.
Si precisa inoltre che il mancato adempimento degli obblighi assunti in convenzione per fatto imputabile al datore di lavoro non comporta l'applicazione della sanzione di cui all'articolo 15, comma 4, bensì l'intervento del Servizio competente, che procede a corrispondenti avviamenti d'ufficio.

Mancato o ritardato invio del prospetto riepilogativo annuale:

Il mancato o ritardato invio del prospetto riepilogativo annuale nei casi in intervenute variazioni, rispetto all'ultimo invio, nella situazione occupazione tali da modificare l'obbligo di legge oppure da incidere sul computo della quota di riserva, entro il 31 gennaio dell'anno successivo ovvero entro il termine diverso stabilito di volta in volta con apposito provvedimento dal Ministero del Lavoro e delle Politiche Sociali, la sanzione amministrativa prevista è pari a € 635,11 fissa, maggiorata di € 30,76 per ogni giorno di ritardo ulteriore rispetto alla data di scadenza, con un minimo di € 665,87.
Nel computo del ritardo vanno considerati tutti i giorni di calendario (quindi festivi inclusi).
Tale violazione è diffidabile e, trattandosi di sanzione in misura fissa, in caso di ottemperanza il trasgressore sarà ammesso al pagamento di una somma pari ad ¼ dell'importo complessivo; in caso di mancata ottemperanza l'importo da pagare sarà pari a 1/3.
Per espressa previsione della norma, tale sanzione si applica, esclusivamente, alle imprese private e agli enti pubblici economici.

In caso di violazione da parte di responsabili delle Pubbliche Amministrazioni, potrà integrarsi il rato di omissione in atti d'ufficio con applicazione delle relative sanzioni.

Mancata comunicazione della cessazione del rapporto di lavoro

Con riferimento all'obbligo di comunicazione della cessazione del rapporto di lavoro stipulato con lavoratore disabile, si precisa che il modello "Unilav" di cessazione, ha pluriefficacia, ovvero assolve all'obbligo di comunicazione della cessazione del rapporto di lavoro e di fatto alla chiamata in sostituzione di altro lavoratore.

Pertanto, l'eventuale sanzione di cui all'articolo 15 comma 4 potrà essere applicata solo in caso di mancata presentazione della comunicazione obbligatoria telematica di cessazione del rapporto di lavoro con personale disabile.

CAPITOLO XIII

FLESSIBILITA' NEL LAVORO

SOMMARIO — 1. Il telelavoro — 2. Il ruolo del datore di lavoro: obblighi e vantaggi – 3. Smart working o lavoro agile – 4. L'accomodamento ragionevole.

1. Il telelavoro

Il telelavoro è sicuramente una modalità di svolgimento "flessibile" della prestazione di lavoro che ben si presta ad essere utilizzata laddove il lavoratore sia disabile.
Si tratta in buona sostanza di un contratto in cui la prestazione di lavoro è svolta in collegamento da casa, da una postazione internet, o da luoghi diversi attraverso l'ausilio di tecnologie informatiche e tecnologiche.
Volendolo definire in modo più preciso il telelavoro può essere definito come un modo di lavorare indipendentemente dalla localizzazione geografica dell'ufficio o dell'azienda e quindi con l'assenza di coincidenza logistica tra l'azienda e il personale che effettua per suo conto la prestazione.
Si tratta quindi di una prestazione di lavoro eseguita dal lavoratore al di fuori della sede di lavoro (lavoro a distanza) con il supporto di tecnologie informazione e della comunicazione.
È un istituto di origine anglosassone; in Italia il telelavoro, nel settore privato è disciplinato dall'accordo interconfederale del 09.06.2004 con cui i rappresentanti dei datori di lavoro e delle organizzazioni sindacali più rappresentative hanno recepito l'accordo quadro europeo in materia appunto di telelavoro del 16.07.2002.
L'accordo detta regole di carattere generale lasciando poi ai singoli contratti di categoria il compito di disciplinare in maniera più specifica e dettagliata le modalità operative di attuazione.
In ambito privato il telelavoro costituisce "una forma di organizzazione e/o di svolgimento del lavoro che si avvale di tecnologie dell'informazione nell'ambito che si avvale di tecnologie dell'informazione nell'ambito di un contratto o di un rapporto di lavoro, in cui l'attività lavorativa, che potrebbe essere anche svolta nei

locali dell'impresa, viene regolarmente svolga al di fuori dei locali della stessa".
Nel settore pubblico invece la norma di riferimento è il **D.P.R. n. 70 del 08.03.1999** avente per oggetto "Regolamento recante disciplina del telelavoro nelle pubbliche amministrazioni, a norma dell'articolo 4, comma 3, della legge 16 giugno 1998 n. 191" – pubblicata in Gazzetta Ufficiale Serie Generale n. 70 del 25.03.1999, più nota come (Riforma Bassanini) che oltre a disciplinare in maniera dettagliata la materia, delinea anche le differenze tra lavoro a distanza e telelavoro.
Più recentemente si è occupato di telelavoro anche la Riforma del Jobs Act ed in particolare il **Decreto Legislativo n. 80 del 10.12.2014** recante "Misure per la conciliazione delle esigenze di cura, di vita e di lavoro, in attuazione all'articolo 1, commi 8 e 9, della Legge 10 dicembre 2014 n. 183" – pubblicato in Gazzetta Ufficiale n. 144 del 24.06.2015 – Supplemento Ordinario n. 34.
È a tutti gli effetti un contratto di lavoro che si configura come prestazione subordinata e pertanto il lavoratore impiegato in telelavoro è considerata a pieno titolo "forza lavoro" in carico.
Gli aspetti positivi per il lavoratore dipendente disabili sono sicuramente notevoli; potrà infatti svolgere la propria attività lavorativa presso la propria abitazione, non dovendo quindi spostarsi, potrà organizzarsi autonomamente nella gestione del lavoro, mantiene costante il collegamento con l'azienda e con i colleghi.
Al lavoratore in telelavoro è garantito lo stesso trattamento economico previsto per i colleghi che svolgono la propria prestazione lavorativa presso l'azienda ed al pari di essi può concorrere alle promozioni di carriere.
I lavoratori in telelavoro godono di pari opportunità anche in termini di ferie e di permessi; il contratto deve inoltre prevedere i criteri per la sostituzione dei telelavoratori nei periodi di ferie e di malattia.
Questo ultimo aspetto, non solo strettamente economico, ma anche di gratificazione professionale, consente al lavoratore in telelavoro di mantenere alta la motivazione, di perseguire l'aumento della produzione e stimola la creatività.
Il telelavoro consente al lavoratore disabile di gestire più facilmente la propria giornata conciliando al meglio le proprie esigenze di lavoro con quelle di vita, di assistenza e di cura.

Oltre a ciò questa modalità di prestazione dell'attività lavorativa riduce molto lo stress legato alle difficoltà di spostamento a cui il lavoratore disabile potrebbe essere sottoposto.

2. Il ruolo del datore di lavoro: obblighi e vantaggi

Il datore di lavoro scegliendo questa modalità operativa deve mettere il lavoratore nelle condizioni di svolgere la prestazione presso il proprio domicilio o presso la struttura da questi indicati.

L'impostazione della workstation (postazione di lavoro) ovvero la fornitura degli strumenti di lavoro, i costi della sua installazione, manutenzione e riparazione, nonché i costi per fornire il personale dei supporti tecnici necessari allo svolgimento del lavoro sono interamente a carico dell'azienda,

Le attrezzature informatiche, comunicative e strumentali, necessarie per lo svolgimento del telelavoro, vengono concesse in comodato gratuito al lavoratore per tutta la durata dell'incarico.

Ne conseguirà la necessità di effettuare una valutazione logistica degli spazi, magari anche con l'ausilio dell'Ergonomo, al fine di consentire la predisposizione di una postazione lavoro idonea per lo svolgimento della prestazione.

Tutte le attrezzature dovranno essere messe a disposizione dal datore di lavoro, il quale ne resterà responsabile (in tema di efficienza e di sicurezza).

Il datore di lavoro deve rimborsare il tele lavoratore delle spese di telefono, luce e pulizia, oltre ai costi associati all'usura/concessione del diritto di godimento dell'area di lavoro nonché deve risarcire gli eventuali danni.

Se notevoli sono i vantaggi per il lavoratore, altrettanto incentivanti sono quelli per il datore di lavoro.

Questa forma di organizzazione del lavoro consente alle aziende di ottimizzare i costi, mettendo gli operatori nelle migliori condizioni per esprimere al meglio la loro produttività e creatività, anche in periodi particolari della propria vita privata (malattia, gravidanza, handicap proprio o dei propri familiari, ecc...).

Volendoli indicare i vantaggi del datore di lavoro possono essere, a titolo esemplificativo e non esaustivo, così riassunti:

- Riduzione dei costi;
- minore necessità logistica e quindi possibilità di organizzare l'azienda con uffici più piccoli;
- minori rischi di infortuni, soprattutto legati ai trasferimenti da un luogo all'altro;
- riduzione dell'assenteismo;
- aumento della produttività;
- platea più ampia dei soggetti a cui rivolgere la ricerca del personale non essendovi più un collegato alle zone geografiche.

Con riferimento alla figura del datore di lavoro che pone in atto accordi di telelavoro il Decreto Legislativo n. 80 del 10.12.2014 all'articolo 23 "Disposizioni in materia di telelavoro" ha previsto che:

> "I datori di lavoro privati che facciano ricorso all'Istituto del telelavoro per motivi legati ad esigenze di conciliare dei tempi di vita e di lavoro in forza di accordi collettivi stipulati da associazioni sindacali comparativamente più rappresentative sul piano nazionale, possono escludere i lavoratori ammessi al telelavoro dal computo dei limiti numerici previsti da leggi e contratti collettivi per l'applicazione di particolari normative e istituti".

3. Smart Working o lavoro agile

Il lavoro agile o smart working è una modalità di approccio al lavoro particolarmente interessante, in via generale per tutte le attività "delocalizzabili" ed ancor più per l'inserimento nel mondo del lavoro di lavoratori disabili.
Da un punto di vista legislativo lo "smart working" è stato disciplinato in Italia dalla **Legge n. 81 del 22.05.2017** avente per oggetto "Misure per la tutela del lavoro autonomo non imprenditoriale e misure volte a favorire l'articolazione flessibile nei tempi e nei luoghi del lavoro

subordinato" – pubblicato in Gazzetta Ufficiale Serie Generale n. 135 del 13.06.2017.
In particolare, la Legge n. 81/2017, definita anche "Jobs Act del lavoro autonomo" proprio per le idee innovative che contiene dedica il Capitolo II articolo 18 al Lavoro Agile.
La Finalità dell'impianto normativo è quella di incrementare la competitività ed agevolare la conciliazione di tempi di vita e di lavoro.
L'articolo 18 comma 1 definisce così il lavoro agile "... quale modalità di esecuzione del rapporto di lavoro subordinato stabilita mediante accordo tra le Parti, anche con forme di organizzazione per fasi, cicli e obiettivi e senza precisi vincoli di orario o di luogo di lavoro, con il possibile utilizzo di strumenti tecnologici per lo svolgimento dell'attività lavorativa...".
Ed è proprio questo contenuto e definizione ad essere particolarmente importante ed interessante per l'inserimento, nel mondo del lavoro, di soggetti disabili o per il loro reinserimento a seguito di disabilità per infortunio sul lavoro o malattia professionale.

In particolare:

- l'organizzazione del lavoro;
- la libera gestione degli orari;
- la scelta del luogo per lo svolgimento della prestazione;
- l'utilizzo di strumenti tecnologici

sono elementi che tengono in considerazione:

- le difficoltà di movimento;
- la minor autonomia nella gestione del tempo e dello spazio;
- la necessità di adattamento della postazione di lavoro in relazione al tipo di disabilità;
- la necessità di conciliare l'attività lavorativa con la necessaria assistenza medica;
- la specificità di strumenti tecnologici che consentono lo svolgimento dell'attività lavorativa delle persone disabili.

Si tratta proprio di un nuovo modello di organizzazione del lavoro applicabile tra l'altro anche nel settore della Pubblica Amministrazione.
È quindi uno strumento altamente innovativo in quanto interessa e coinvolge tre ambiti:

- **aziendale:** l'azienda deve aver la capacità di organizzare un processo orientato a forme di collaborazione e di produzione nelle quali l'utilizzo delle tecnologie costituisce la parte centrale; l'azienda deve inoltre prevedere una costante formazione ed aggiornamento;

- **individuale:** in capo al lavoratore dipendente in termini di responsabilità, capacità di organizzazione, coinvolgimento lavorativo ed aspettative professionali;

- **sociale:** si innalza la possibilità di conciliare la vita familiare ed il lavoro riducendo i tempi "morti" degli spostamenti ed i relativi costi di trasporto.

4. L'accomodamento ragionevole

La Convenzione delle Nazioni Unite sui Diritti delle Persone con Disabilità definisce lo "Smart Working" o "Lavoro Agile" quale "accomodamento ragionevole" ovvero l'insieme *"delle modifiche e degli adattamenti necessari e appropriati che non impongono un onere sproporzionato o eccessivo, adattati ove ne sia necessità in casi particolari, per garantire alle persone con disabilità il godimento e l'esercizio, su base di uguaglianza con gli altri, di tutti i diritti umani e delle libertà fondamentali"*.
Il termine "accomodamento ragionevole" è stato introdotto per la prima volta negli anni '90 negli Stati Uniti, dove fu emanato L'American with Disability Act (A.D.A.), legge che si inseriva nel quadro dei programmi per l'integrazione e la non discriminazione delle minoranze e che si poneva lo scopo di tutelare i diritti dei disabili e di garantirne una maggiore integrazione sociale.
Andiamo a prendere in esame le due caratteristiche di questo progetto;

- il concetto di **"accomodamento"** comprende tutti gli aspetti dell'accessibilità complessiva dell'ambiente di vita e di lavoro, della riprogettazione individualizzata del posto di lavoro, dell'adozione di ausili tecnici utili a facilitare i compiti lavorativi, della riorganizzazione dei processi e dei flussi di lavoro e dell'eventuale supporto di assistenza personale;
- il concetto di **"ragionevolezza"** evoca invece il principio di "non costringere il Datore di Lavoro ad investimenti sproporzionati".

Entriamo quindi nel merito specifico degli adattamenti o accorgimenti:

- i datori di lavoro hanno l'obbligo di adottare accorgimenti efficaci e pratici, tali da fornire tutti i lavoratori con disabilità in relazione alle esigenze del lavoratore e delle specifiche situazioni presenti;
- l'inserimento e gli adattamenti devono comprendere tutti gli aspetti dell'occupazione e delle condizioni di lavoro per consentire alle persone con disabilità di avere un lavoro e di essere messe nelle condizioni di svolgerlo, di ricevere una adeguata formazione, di poter aspirare ed accedere ad un avanzamento di carriera;
- l'accomodamento deve quindi perseguire l'obiettivo di un inserimento della persona con disabilità al pari di tutti gli altri lavoratori;
- gli accomodamenti sono facilmente individuabili come tutti gli accorgimenti utili a consentire l'utilizzo e la comoda e sicura utilizzazione sia della postazione di lavoro che di tutto l'ambiente lavorativo;
- gli accomodamenti non devono essere limitati alla singola postazione predisposta per il lavoratore disabile; ma si deve valutare un più ampio concetto di accessibilità ai luoghi di lavoro (per esempio con l'abbattimento delle barriere architettoniche al fine di consentire l'accessibilità ai luoghi, un facile percorso tra i diversi uffici o reparti, l'accessibilità

ai servizi igienici, alla mensa, al parcheggio per l'automezzo, ecc...).

In considerazione di quanto sopra detto si può giungere alla conclusione che gli accomodamenti devono rendere compatibile il luogo di lavoro nel suo complesso al fine di renderlo accessibile ai lavoratori disabili.
Ancor più sentita è la necessità di ricorrere agli accorgimenti del cosiddetto "accomodamento ragionevole" laddove non si parli di nuovo inserimento di persona disabile quanto di reinserimento di persona divenuta disabile anche a seguito di infortunio sul lavoro o malattia professionale.
In questo caso tali interventi sono mirati alla conservazione del posto di lavoro e possono configurarsi in:

- interventi di superamento e di abbattimento delle barriere architettoniche nei luoghi di lavoro, ovvero interventi edilizi, impiantistici e domotici nonché installazione di dispositivi finalizzati a consentire l'accessibilità e la fruibilità degli ambienti di lavoro;
- interventi di adeguamento e di adattamento delle postazioni di lavoro, quali ad esempio adeguamento degli arredi facenti parte della postazione di lavoro, gli ausili e i dispositivi tecnologici, informatici o di automazione funzionali all'adeguamento della postazione o delle attrezzature di lavoro, ivi compresi i comandi speciali e gli adattamenti dei veicoli che costituiscono strumenti di lavoro;
- interventi di formazione; a titolo di esempio possiamo indicare gli interventi personalizzati di addestramento all'utilizzo delle postazioni e delle relative attrezzature di lavoro connessi agli adeguamenti di cui al precedente punto e di formazione e tutoraggio utili ad assicurare lo svolgimento della stessa mansione o la riqualificazione professionale funzionale per essere adibiti ad altra mansione.

Sia nel caso di accorgimenti in previsione di un nuovo ingresso sia nel caso di reinserimento di personale divenuto disabile a seguito di infortunio o malattia professionale, assume un ruolo fondamentale la scienza dell'ergonomia e la figura dell'ergonomo per i quali approfondimenti si rinvia all'apposito capitolo VI paragrafo 4.

<u>Sono considerati accorgimenti:</u>

- la riprogettazione individualizzata del posto di lavoro (a tale proposito rinviamo al capitolo riservato all'Ergonomia e alla figura dell'Ergonomo);
- l'adozione di ausili tecnici utili a facilitare i compiti lavorativi;
- la riorganizzazione dei processi e dei flussi di lavoro anche in considerazione delle previsioni del Decreto Legislativo n. 81/08 in una misura, come già precedentemente detto, sostenibile per il datore di lavoro;
- la valutazione del lavoro agile.

CAPITOLO XIV

IL FONDO SOCIALE EUROPEO

SOMMARIO — 1. Il Fondo Sociale Europeo — 2. Obiettivi e programmi – 3. I percorsi occupazionali.

1. Il Fondo Sociale Europeo

Il Fondo Sociale Europeo (F.S.E.) è il principale strumento finanziario con cui l'Unione Europea sostiene l'occupazione negli Stati Membri e promuove la coesione economica e sociale.
Sostiene e promuove le opportunità di occupazione e la mobilità geografica e professionale dei lavoratori e favorisce l'adeguamento alle trasformazioni industriali.
È stato istituito con il trattato di Roma nel 1957. Pur continuando a perseguire l'aumento del tasso occupazionale come suo principale obiettivo, il Fondo, ha adeguato il suo orientamento nel corso degli anni per rispondere alle diverse sfide all'orizzonte.
L'obiettivo fondamentale del Fondo Sociale Europeo è quello di perseguire e raggiungere la coesione economica e sociale tra le regioni degli Stati Membri.
Il raggiungimento di tale obiettivo si persegue attraverso dispositivi finanziari che supportano le azioni dei singoli Stati Membri finalizzate a ridurre il divario tra i livelli di sviluppo delle varie regioni europee.
Il Fondo Sociale Europeo consente agli Stati Membri di attuare politiche attive del mercato del lavoro a vantaggio di ogni ceto sociale; sostiene i lavoratori attraverso finanziamenti di azioni volte a rispondere alle esigenze di flessibilità che garantiscano, attraverso strategie mirate applicate alla formazione continua, alla mobilità e all'adattamento delle trasformazioni del mercato del lavoro, anche la sicurezza dell'occupazione e del reddito.
Principalmente, si occupa ora di combattere la disoccupazione tra i giovani e le persone scarsamente qualificate; sostiene quindi le fasce più deboli della società, effettivamente e potenzialmente escluse socialmente come le donne, i giovani alla prima esperienza lavorativa, gli over 50 che necessitano quindi di una riqualificazione al fine di un ricollocamento sul mercato del lavoro, gli immigrati ed i disabili.

Nell'ambito del programma quinquennale 2007-2013 il Fondo si è occupato di dare sostegno a coloro che hanno incontrato particolari difficoltà nel trovare lavoro, come donne, giovani, anziani, immigrati e disabili; tale programma prosegue con particolare attenzione all'apprendimento permanente e alla mobilità dei lavoratori.
Le risorse a disposizione del Fondo Sociale Europeo ammontano al 10% del budget comunitario totale.
Il Fondo Sociale Europeo è quindi uno strumento di sostegno alle persone; opera finanziando progetti ed iniziative in grado di migliorare le possibilità occupazionali dei lavoratori in Europa con progetti di formazione professionale, orientamento, consulenza e creazione di nuovi posti di lavoro.
Allo scopo di aumentare la competitività dell'economia il Fondo Sociale Europeo si pone l'obiettivo di integrare i gruppi emarginati e discriminati finanziando anche progetti sperimentali per individuare nuovi metodi di lotta all'esclusione sociale superando così le diseguaglianze ed individuando nuovi metodi di organizzazione e diffusione del lavoro anche per nuovi settori dell'economia.
Possono essere ammessi ai progetti finanziati dal Fondo Sociale Europeo:

- le Regioni e gli Enti Locali;
- gli Enti pubblici;
- gli Enti di formazione accreditati;
- gli Enti di ricerca;
- le imprese.

Affinché un progetto possa essere preso in considerazione e finanziato dal Fondo Sociale Europeo deve rispondere a criteri e requisiti volti a migliorare la formazione professionale, promuovere le pari opportunità e favorire l'integrazione sociale delle persone a rischio di esclusione sociale e promuovere l'imprenditorialità.
Proprio per questo motivo gli interventi ed i progetti promossi e finanziati dal Fondo Sociale Europeo sono di particolare interesse nell'ambito del mondo della disabilità perché possono coniugare la necessità di formazione e di inserimento lavorativo del soggetto disabile, con la necessità di includere nel proprio organico personale formato, professionalmente qualificato del datore di lavoro.

Come risulta anche dal rapporto "Il Fondo Sociale Europeo e Disabili" elaborato da Dr. Donal McAnaney e Bruno Vilela l'approccio adottato dall'Unione Europa in materia di disabilità opera sia a livello di UE che di singoli Stati Membri.
La disabilità viene affrontata tramite la Direttiva UE che stabilisce un quadro generale per la parità di trattamento in materia occupazionale e di condizioni di lavoro.
Il Piano di azione a favore delle persone disabili, la Strategia europea per l'occupazione e gli Orientamenti a favore dell'occupazione ed è inserita in numerosi programmi volti alla promozione dell'occupazione e all'eliminazione degli ostacoli all'istruzione e alla formazione permanente.
Gli elementi portanti dell'approccio alla disabilità dell'UE sono la lotta alla discriminazione, l'eliminazione degli ostacoli e delle barriere architettoniche e l'integrazione della disabilità nelle politiche europee.

2. Obiettivi e programmi del Fondo Sociale Europeo

Ciascun Stato Membro concorda, insieme alla Commissione europea, uno o più programmi operativi per i finanziamenti del Fondo Sociale Europeo durante il periodo di programmazione settennale.
I programmi operativi definiscono le priorità di intervento delle attività del Fondo Sociale Europeo e i relativi obiettivi.
L'Unione Europea distribuisce i finanziamenti del Fondo Sociale Europeo agli Stati Membri e alle Regioni al fine di sostenere i programmi operativi.
I programmi operativi finanziano progetti nel campo dell'occupazione gestiti da organizzazioni pubbliche e private, denominate beneficiari (soggetti persone fisiche svantaggiate, organizzazioni, aziende).

I settori in cui prioritariamente agisce il Fondo Sociale Europeo sono:

- politiche volte a prevenire e combattere la disoccupazione;
- lotta all'esclusione sociale;
- formazione professionale;

- riqualificazione;
- miglioramento delle capacità professionali;
- sviluppo delle carriere;
- sostegno all'imprenditorialità;
- pari opportunità tra uomini e donne.

Le iniziative promosse dal Fondo Sociale Europeo sono reperibili sul sito del Ministero del Lavoro e delle Politiche Sociali.
I progetti oggetto di finanziamento del Fondo Sociale Europeo devono apportare reali miglioramenti delle condizioni di vita e nuove opportunità per i cittadini; devono incentivare e promuovere l'occupazione, aiutando in particolare i soggetti svantaggiati a trovare nuove occasioni di lavoro più qualificanti, professionalizzanti ed appaganti.
Gli interventi del Fondo Sociale Europeo devono stare al passo con i tempi, devono quindi contribuire a introdurre nuove modalità di organizzazione del lavoro nelle aziende e di adeguamento alle tendenze del mercato, attraverso nuove tecnologie e progettazioni.
In particolare, nell'ambito del programma del quinquennio 2014-2020 sono e saranno investiti circa 84 miliari di Euro in progetti di promozione dell'occupazione.

Sono stati e saranno finanziati progetti che hanno i seguenti obiettivi:

- promozione dell'occupazione e sostegno alla mobilità dei lavoratori;
- promozione dell'inclusione sociale e lotta contro la povertà;
- investimenti in istruzione, competenze e apprendimento permanente;
- miglioramento della capacità istituzionale e dell'efficienza dell'Amministrazione Pubblica.

Il Fondo sociale si dedica alla promozione dell'occupazione nell'Unione Europea, supporta gli Stati Membri nel fornire la forza lavoro e alle imprese europee gli strumenti adatti ad affrontare nuove sfide di portata globale, contribuisce a finanziare gli interventi sostenuti da Stati Membri dell'UE, rappresentati dal Consiglio dell'Unione Europea, Parlamento e Commissione Europea.

I piani operativi su base settennale sono pianificati dagli Stati Membri e approvati dalla Commissione Europea.

3. I percorsi occupazionali

Il Fondo Sociale Europeo ha finanziato numerosi interventi volti a promuovere la partecipazione al mercato del lavoro dei soggetti affetti da disabilità per favorire l'inclusione sociale e contrastare la discriminazione basata sulla disabilità.
Il Fondo Sociale si è occupato di disabilità attraverso numerosi interventi di inclusione sociale e affrontando direttamente il problema della discriminazione con servizi studiati per favorire l'integrazione sociale e professionale.
I risultati di tali interventi hanno contribuito fortemente a rendere attuabile il Piano di azione a favore delle persone disabili e la Strategia europea per l'occupazione.
Gli interventi di transizione, consulenza, orientamento e definizione di percorsi sono stati fondamentali per promuovere l'inclusione sociale e professionale dei soggetti con disabilità.
Anche l'istruzione e la formazione hanno rappresentato un valido strumento per combattere l'esclusione sociale. Undici Stati membri hanno investito 32,5 miliari di euro in 25 misure volte alla promozione dell'istruzione e della formazione che hanno favorito il pre-orientamento e la formazione professionale, la possibilità di conseguire una qualifica ed il sostegno all'istruzione e alla formazione formale, al fine di promuovere l'integrazione sociale e professionale dei soggetti con disabilità attraverso il lavoro dipendente o autonomo.
L'attività del Fondo Sociale Europeo è tesa anche a contrastare i danni dell'abbandono o dell'insuccesso nell'ambito dell'istruzione primaria e secondaria offrendo quindi percorsi a sostegno della formazione permanente.
La tradizionale formula di formazione permanente è stata migliorata introducendo anche l'utilizzo di nuove tecnologie informatiche per l'apprendimento, promuovendo progetti di ricerca, anche integrati con partenariati di formazione.

Dieci Stati Membri hanno messo in atto attività a favore dell'occupazione e dell'inserimento come strumento per combattere l'esclusione sociale dei soggetti con disabilità attraverso 35 misure, investendo nel complesso 4,32 miliardi di euro. Tali misure hanno previsto attività volte alla creazione di posti di lavoro, assistenza e definizione di sussidi di occupazione, regimi di lavoro flessibili, sostegno per iniziative nell'ambito dell'economia sociale, approcci attivi alla previdenza sociale e sensibilizzazione dei datori di lavoro sul tema della disabilità.
Ai soggetti con disabilità in cerca di occupazione sono state destinate specifiche azioni occupazionali che vanno da:

- riabilitazione e riqualificazione professionale;
- affiancamento e mediazione sia nella fase di ricerca attiva del lavoro che nella fase di inserimento o di tirocinio;
- assistenza alle imprese "ospitanti";
- finanziamento di piani locali di occupazione volti ad attirare nuovi investimenti a favore delle assunzioni di soggetti con disabilità;
- la promozione del lavoro autonomo.

CAPITOLO XV

CONCLUSIONI

Scrivere questo libro è stato un importante viaggio non solo professionale ma anche personale.
Ho assunto la consapevolezza che malgrado vi sia ancora tanta strada da fare affinchè si possa parlare effettivamente di inclusione, di inserimento attivo nel mondo del lavoro per i soggetti disabili, e malgrado vi siano da superare anche ostacoli, che pur non costituendo barriere architettoniche fisiche, sono insite forse nella natura umana, come la diffidenza, la paura di guardare dentro all'altro, a colui che non rispetta i canoni fisici e psichici dettati dalla società, abbiamo anche una serie di strumenti legislativi e informatici, che ci consentono di avviare questo doveroso percorso.
Il Disabile deve diventare parte attiva della Società, dell'Economia, del comparto produttivo. Non deve essere ghettizzato limitandosi a creare, seppure siano iniziative meritevole di rispetto laddove si pensi che non vi siano alternative, imprese o realtà produttive esclusivamente tra soggetti disabili.
Il Disabile costituisce una risorsa importante per la società e per l'economia e molto spesso neppure il disabile stesso ne è consapevole abituato a subire l'emarginazione e lo scherno degli altri.
Il Disabile può emergere, può e deve essere inserito nel tessuto sociale collettivo ed esprimere, con gli opportuni sostegni e approcci, le proprie potenzialità e la propria creatività.
Bisogna però creare una coscienza ed una consapevolezza comune, sensibilizzare l'opinione pubblica, informare e formare le Istituzioni, i datori di lavoro, i colleghi.
Non dobbiamo discriminare ma includere.
La disabilità deve essere rispettata ed accettata in ogni ambito della vita e quindi anche nel lavoro.
È necessario aprire la mente alle nuove tecnologie che possono consentire il superamento di molte fragilità, bisogna riscrivere le modalità di organizzazione del lavoro così da consentire alla persona disabile di lavorare nel proprio contesto "comodo", "protetto".

Credo che questo percorso abbia accesso i riflettori su una situazione "sociale" molto più ampia di quanto si possa immaginare e spero che possa diventare strumento utile per le associazioni, per i datori di lavoro, per le famiglie dei disabili e per i disabili stessi affinché possano individuare i giusti strumenti per superare e favorire l'inserimento lavorativo delle persone disabili.

NORMATIVA DI RIFERIMENTO

- Costituzione Italiana
- Codice Civile (articoli 2513, 2514, 2520)
- Carta dei Diritti Fondamentali dell'Unione Europea
- Comunicazione delle Commissione al Parlamento Europeo, al Consiglio, al Comitato Economico e Sociale Europeo e al Comitato delle Regioni
- Legge n. 308 del 13.03.1958
- Legge n. 482 del 02.04.1968
- Legge n. 300 del 20.05.1970
- Legge n. 381 del 26.05.1970
- Legge n. 113 del 29.03.1985
- Circolare del P.D.C.M. n. 2176 del 18.09.1985
- Decreto del Ministero dei Lavori Pubblici n. 236 del 14.06.1989
- Legge n. 120 del 28.03.1991
- Legge n. 381 del 08.11.1991
- Legge n. 104 del 05.02.1992
- D.P.R. n. 495 del 16.12.1992
- Circolare Ministero del Lavoro e delle Politiche Sociali n. 28 del 15.03.1993
- Decreto Ministero del Lavoro e della Previdenza Sociale del 30.11.1994
- D.P.R. n. 503 del 24.07.1996
- D.P.R. n. 70 del 08.03.1999
- Legge n. 68 del 12.03.1999
- D.P.C.M. del 13.01.2000
- Legge n. 388 del 23.12.2000
- Conferenza Stato Regioni del 22.01.2001
- Decreto Legislativo n. 6 del 17.01.2003
- Convenzione Onu per i diritti delle persone con disabilità del 13.12.2003
- Legge n. 4 del 09.01.2004
- D.P.R. n. 75 del 01.03.2005
- Decreto Legislativo n. 77 del 15.04.2005
- Legge n. 95 del 20.02.2006
- Messaggio Inps n. 15995 del 18.06.2007
- Messaggio Inps n. 16866 del 28.06.2007
- Decreto Legislativo n. 81 del 09.04.2008
- Messaggio Inps n. 23991 del 30.10.2008
- Legge n. 18 del 03.03.2009

- Legge n. 92 del 28.06.2012
- Decreto del Ministero del Lavoro e delle Politiche Sociali n. 181 del 24.09.2012
- Decreto del Ministero del Lavoro e delle Politiche Sociali n. 93 del 03.09.2012
- Decreto Legge n. 90 del 24.06.2014
- Legge n. 114 del 11.08.2014
- Decreto Legislativo n. 80 del 10.12.2014
- Legge n. 190 del 23.12.2014
- Legge n. 107 del 13.07.2015
- Decreto Legislativo n. 150 del 14.09.2015
- Decreto Legislativo n. 151 del 14.09.2015
- Circolare del Ministero del Lavoro n. 34 del 23.12.2015
- Legge n. 106 del 06.06.2016
- Circolare Inps n. 99 del 13.06.2016
- Legge n. 112 del 22.06.2016
- Determina del Presidente dell'Inail n. 258 del 11.07.2016
- Decreto Legislativo n. 185 del 24.09.2016
- Legge n. 232 del 11.12.2016
- Decreto Legge n. 244 del 30.12.2016
- Legge n. 19 del 27.02.2017
- Decreto Legislativo n. 66 del 13.04.2017
- Decreto Legislativo n. 50 del 24.04.2017
- Sentenza Corte di Cassazione n. 10576 del 28.04.2017
- Legge n. 81 del 22.05.2017
- Decreto Legge n. 25 del 25.05.2017
- Decreto Legislativo n. 112 del 03.07.2017
- Decreto Legislativo n. 117 del 03.07.2017
- Decreto Interministeriali del 29.09.2017
- D.P.R. del 12.10.2017
- Carta Comunitaria dei diritti sociali fondamentali dei lavoratori
- Progetto Lavoro e Psiche
- Libro Bianco su accessibilità e mobilità urbana

BIBLIOGRAFIA

- ☑ Carta dei Diritti Fondamentali dell'Unione Europea;
- ☑ Disability Management: processi culturali e organizzativi per garantire l'inclusione lavorativa – Paolo Pantrini;
- ☑ Il Disability Management: come gestire la disabilità nel luogo di lavoro – Daniela Del Duca e Fabiola Silvaggi;
- ☑ Disability Manager. Gestire la disabilità sul luogo di lavoro – Corrado Roncallo, Mariacarla Sbolci Edizioni FerrariSinibaldi 2011;
- ☑ Disability Management at the Workplace Overview and Future Trends – Encyclopedia of Occupational Health and Safety, International Labor Organization, Geneva 2011;
- ☑ Ergonomia e progettazione accessibile – Fabrizio Vescovo;
- ☑ Gioco di squadra e nuova cultura per garantire l'inclusione lavorativa – Palma Marino Aimone;
- ☑ I disabili e le norme sulla sicurezza nei luoghi di lavoro – Domenico della Porta;
- ☑ INL – Nota n. 2283 del 23.03.2017 Ritardata o mancata assunzione di persone con disabilità; diffida a regolarizzare ex art. 13 dlgs 2004 e convenzione ex art. 11 della L. 68/1999;
- ☑ INL – Nota n. 6316 del 18.07.2018 – Collocamento obbligatorio – Sanzioni per omessa assunzione – natura giuridica dell'illecito;
- ☑ La sicurezza sul lavoro dei dipendenti disabili – Santo Fabiano;
- ☑ Luci e ombre per l'alternanza Scuola – Lavoro con allievi disabili – Paola Villani;
- ☑ La gestione del rapporto di lavoro delle persone con disabilità – Francesco Tomei – Giuseppe di Loreto – Gloria Felicioli;
- ☑ SuperAbile Inail – Collocamento Mirato delle persone sorde – Alessandra Torregiani;
- ☑ SuperAbile Inail – Diritto di preferenza nei concorsi pubblici – Alessandra Torregiani;
- ☑ SuperAbile Inail – Idoneità per l'accesso all'impiego pubblico della persona con disabilità – Alessandra Torregiani;
- ☑ SuperAbile Inail – Il collocamento obbligatorio dei centralinisti telefonici non vedenti – Alessandra Torregiani;
- ☑ SuperAbile Inail – Uno strumento di politica attiva del lavoro – Alessandra Torregiani;
- ☑ SuperAbile Inail – Inserimento lavorativo, la riforma Madia introduce la Consulta e il responsabile – Alessandra Torregiani;

- ☑ SuperAbile Inail – Collocamento Mirato delle persone sorde – Alessandra Torregiani;
- ☑ SuperAbile Inail – Le Convenzioni: un importante strumento per il collocamento delle persone con disabilità – Alessandra Torregiani;
- ☑ SuperAbile Inail – Linee guida in materia di collocamento mirato – Alessandra Torregiani;
- ☑ SuperAbile Inail – Modalità di stipula delle convenzioni – Alessandra Torregiani;
- ☑ SuperAbile Inail – Orario di lavoro della persona con disabilità – Alessandra Torregiani;
- ☑ Superando – Ergonomia e progettazione per tutti;
- ☑ Superando – Inclusione lavorativa: coinvolgere le aziende senza pregiudizi e rigidità
- ☑ Superando – La disabilità, il lavoro e il divieto di discriminare;
- ☑ Superando – Parliamo di adozione a distanza;
- ☑ Progetto Lavoro e Psiche
- ☑ Libro Bianco di Accessibilità e mobilità urbana
- ☑ La Rosa Blu – rivista ANFASS Onlus sulla disabilità
- ☑ Valorizzare la diversità per incrementare la produttività – intervista a Consuelo Battistelli, diversity engagement partner di IBM Italia – di Paolo Pantrini

SOMMARIO